相互成就

[美] 南森·贾麦尔 著
（NATHAN JAMAIL）

刘琰 译

民主与建设出版社
·北京·

© 民主与建设出版社，2022

图书在版编目（CIP）数据

相互成就 / （美）南森·贾麦尔著；刘琰译 . -- 北
京：民主与建设出版社，2022.7
  书名原文：SERVE UP, COACH DOWN
  ISBN 978-7-5139-3816-7

Ⅰ . ①相… Ⅱ . ①南… ②刘… Ⅲ . ①管理学 – 通俗
读物 Ⅳ . ① C93-49

中国版本图书馆 CIP 数据核字（2022）第 077638 号

著作权合同登记号：01-2022-3045

Copyright © 2018 by Nathan Jamail
through Andrew Nurnberg Associates International Limited

相互成就
XIANGHU CHENGJIU

著　　者	［美］南森·贾麦尔	
译　　者	刘　琰	
责任编辑	郭丽芳　周　艺	
封面设计	李　璐	
出版发行	民主与建设出版社有限责任公司	
电　　话	（010）59417747　59419778	
社　　址	北京市海淀区西三环中路 10 号望海楼 E 座 7 层	
邮　　编	100142	
印　　刷	唐山富达印务有限公司	
版　　次	2022 年 7 月第 1 版	
印　　次	2022 年 8 月第 1 次印刷	
开　　本	880 毫米 ×1230 毫米　　1/32	
印　　张	7.875	
字　　数	150 千字	
书　　号	ISBN 978-7-5139-3816-7	
定　　价	59.00 元	

注：如有印、装质量问题，请与出版社联系。

前　言

今日，中层领导在商业领导层中的人数是最多的，而这一职位也是最难胜任的。所谓的中层领导就是你带领一个团队工作（有时候团队人数多达上百人），同时还要向你的上级领导汇报工作。试想，有哪一份工作不存在主管上级呢？无论他们的头衔是副总裁、高级客户主管、经理还是总监……无论他们供职于财富500强企业、中端市场公司、大学、医院还是建筑公司……无论他们从事于云端高科技领域还是传统的实体企业品牌……他们都属于中层领导范畴。

简而言之，假设你既带领团队又有上级领导——无论你的领导是老板、股东还是顾客——你就是当今商业世界里中层领导洪流中的一员。然而，问题是在如此众多的中层领导之中，很少有人知道如何拥有与他的岗位相匹配的权力。

等等，南森，你的意思是说中层领导是一个拥有职权的岗位吗？没错，这正是我的观点。

众多的中层领导甚至从来没有意识到这一点。他们认为位居中层总是人微言轻、无足轻重，在驱动变革方面总是束手无策。他们会觉得被人称为中层管理人员简直就是一种轻慢。他们简直把中层领导的"中"字视为领导生涯中可耻的标记。然而，位居中层绝不意味着你应该在别人的目光中羞愧躲闪，这绝对不是一个无所作为的岗位。实际上那些真正掌握要领的中层领导都是受到上级赏识、员工崇拜、同行尊敬、懒汉畏惧、对手憎恨的人。他们在充满变数的局势中掌舵领航，随机应变，而这些恰恰是当今的企业和机构所需的素质。

那些无法胜任中层领导职位的人，艰难地驱使着他的团队一次又一次地冲击目标，希望取得胜利，同时还得受自己的上级领导摆布。无论是领导层还是机构本身都需要用一个新的途径来改变过去他们对中层领导的认知，这样才能彻底解决问题。那么中层领导应该具备何种素质？他们应该如何执行管理？

为什么那些对团队怀柔的中层领导还是很难取得上级领导的认可？为什么那些对团队采取服务型领导的中层领导在带领团队取得进步和超越时经常感到困难重重？为什么中层领导们在与公司中的其他团队或部门合作时总是遇到问题，最后总是不得不让自己的人干分外的活？

这一切都是因为这些中层领导往往为了怀柔下级，而甘愿顶着压力忤逆上级，他们的做法恰恰与应该做的背道而驰。

究因溯源

通常我们训练、培养和规定领导人员带领团队、提供服务和遵从指令的方式充满了误导。这种错误的方式阻断了他们继续提升和创新的通道，它营造了一种由更多强势的员工组成的企业文化，他们在工作中更多地注重舒适和愉悦。要修正这个错误，我们并不是要掉头重来，而是要改变我们的理念，重新思考关于服务本质的问题。

自从罗伯特·格林利夫在1970年提出了"仆人式领导"的概念，铺天盖地的书籍便开始兜售这个理论，称之为领导之术。他们颠覆了传统的企业层级金字塔，将领导置于底层。把其他人员置于优先位置，让他们拥有影响决策的力量！为你的手下服务！这些话听起来很高尚，但是执行起来却有致命的缺陷。随着这种领导术多年的发展，仆人式领导概念的落实导致了企业机构仍然难以让员工尽职尽责、从上到下不断协调各种需求、调整原定目标。这就使得中层领导们在执行仆人式领导时往往疲于奔命，使得公司很难找到这些领导者，使得这种传统的领导方式常常在长远竞争中败下阵来。

简而言之，中层领导必须学会为自己的上级服务，而不是服务于下级，对于自己的下级，需要采取训导的方式进行管理。

为上级服务意味着对上级充分的信任，严格执行他们的指示以及为整个机构的大局利益效力。

对下级训导意味着关注下级的进步和成长，树立他们的自信，期待并鼓励他们完善自我，最终，成就一番事业。

作为领导确实应当关心手下的员工，让他们在团队中发挥更大的作用。但是如果仅仅从字面上贯彻仆人式领导的概念，这样的领导真的是优秀的领导吗？他们对手下的人关照又能有多少？伟大的领导总是奉行授人以鱼不如授人以渔的理念，他们训导下级在扩大自己的收益时把竞争对手打得落花流水。这些员工反过来服务这些领导以及领导的上级，为组织带来最大效益。

我们需要一本崭新的成功战略手册

达到这样高水准的业绩表现需要中层领导责无旁贷，充满自信并坚持更新他们的思维理念。本书将在这些方面助您一臂之力：在服务上级和训导下级之间达到必要的平衡，改变你的思维去收归作为中层领导理应具有的权力，从而实现掌控。一旦通过执行"服务上级、训导下级"而获得了举足轻重的影响力，所有的人都会变成赢家，而你则会意识到作为一名中层领导所真正具有的权力。你会获得更多成功——只要转变思维模式，开始服务上级，训导下级，并且稍微改变一下所知的传统，你就会成为一名更优秀、更高效、更强大的中层领导。

把服务型领导的传统观念放到一边，学会为上级服务，为同僚服务，为下级训导，拿出你的谦逊、无私和自信。改变中层领导的方式刻不容缓，我们要将中层领导的职位通过努力争取转变为一个更加精深、更加重要、更加具有权力的岗位。如果以前没有意识到，请从现在予以重视。

目　录

第三部分

执行至上

用超强行动力应对变革

第四部分

塑造愿景

只有相信才能更加坚定

第五部分

时间管理

抓好重要的事，紧急的事就少了

第六部分

团队

人人重要，而非人人必要

第七部分

领导力

不要从中层领导者沦为中层管理者

第一部分

1

向上服务

中层的权力来自上级赋予

假设一位你看重的人物今晚将留宿你的家，你将会如何迎接他／她的光临？张开你的双臂来一个热情的拥抱，盛大的欢迎，溢满真诚的微笑，还是心不在焉地招招手，小声地嘀咕两句，马马虎虎地指指客房的方向？你会拿出珍藏的美酒，用精致的酒具端到客人面前请他品尝，还是用被孩子咬得破破烂烂的鸭嘴杯随便倒上点自来水？你会为客人铺上洁净的床单，整理好干净的毛巾，还是依旧铺着上周艾格妮丝姑妈用过的临时床单，拿出那块儿狗经常在上面打滚的旧毛巾？

大多数人一定会毫不犹豫地拿出最好的东西招待客人，让客人感受到尊重和被欢迎。但是，试想假如这位贵客正是我们的老板会怎样？当然是一样的款待。

那么我就想问问：为什么这样的款待适用于来访的客人，对那些花钱雇用你，帮助你维持这个家庭的人却做不到？为什么在家里你会竭尽全力地招待，但是在工作场合中这样的行为就不当，甚至被认为是讨好巴结？因为你还不具备"服务上级"的理念。

第一章　心智模式：执行是唯一值得思考的事

"南森，我得跟我的老板谈谈，让他知道我的团队里只配备三名经理是行不通的。以前我们有四名，但是丽莎离职后他们没有招新人来填补她的位置。天知道，我们现在的工作压力有多大。"

透过电话线，我都能感觉到史蒂夫的压力大极了。史蒂夫掌管着加利福尼亚州8个地区的康复中心。他向来工作出色，广受爱戴，他的老板相当器重他。然而，丽莎跳槽后，公司决定尝试调整结构，不再照以往那样招一个人来填补职位空缺，这让史蒂夫压力很大。老板告诉史蒂夫，他的团队以后只能有三名经理。

"你按照老板的要求重新组合团队，划分职责了吗？"

"现在根本忙不到这些。两周前我就向他汇报，现在我自己补上了丽莎的空缺，干上了原来属于丽莎的活，这样团队才没乱。因此，我这会儿根本没空考虑领导层面上的事。"

"但你的职责是作为总监领导团队，而不是干经理的活。那你要求你的团队做了些什么呢？"

"要求他们？什么也没有。他们的事够多了。即使丢了这份工作，我也得向上反映诉求。我们就是需要再招一名经理，才能把活干好。"

史蒂夫停了片刻，而我也没再说什么。我们之间充斥着尴尬的沉默。可能他打电话来原本是想得到一些鼓励，让他坚定自己的想法，为他自己和团队去反抗老板。假如史蒂夫希望得到我的认同，那他错了。可能史蒂夫的想法在他自己看来是正当的，但这却是一个糟糕的想法。

终于他打破了沉默，说道："南森，我就打算这么办了。"

我呵斥道："你敢这样做试试看。如果我是你的老板，听了你这些话，我巴不得换了你。"

"什么？你为什么这样说？"

"你根本没有去做一个新的计划，试着让团队在三名经理的管理下运作起来。你根本没有照着老板的指令去做，还没尝试就抱怨做不了。你唯一的作为就是让你自己被假想的恐惧控制言行。"

"但是……我得为我的手下说话。"

"这完全是怯懦的借口。你说你的团队已经满负荷工作了——

他们干的活已经太多了，你没有要求他们做任何事来提升工作能力，一味地帮他们说话，替他们出头。你甚至自己也插手干上了下面的工作。这一切都是因为你认为缩编行不通——一旦分配更多的工作，你的手下就会辞职不干。但你自己根本没意识到这一切。好好想想。"

史蒂夫答应回去好好考虑。我希望他真的会反思。这是一个机会，他会从中学到中层领导的核心技能：领会服务上级的含义，这样才能通过强化对下级训导而更好地服务于上级。

对抗上级：缺乏领导力的人才会这么干

为什么我对史蒂夫如此严厉？史蒂夫看似是一名无私正直的领导，他会为了手下团队与他的老板甚至整个公司作对。他通过护着手下员工的方式为他们服务，难道不对吗？错。史蒂夫的做法恰恰与正确的做法背道而驰，他原本可以带领团队创造更大的辉煌，让他的老板更加赏识他的领导能力，使自己成为一名拥有更大权力的中层领导：他却选择去对抗上级，维护下级，而不是对下级提出更高的要求，为上级提供更好的服务。

对抗上级，维护下级是一种听天由命、扭曲反常的领导模式。就像上面的例子里，史蒂夫试图告诉老板，他的团队已经尽力了，超出了负荷。我们像为老板服务那样服务于我们的下级，这将毁了下属。当史蒂夫以为他在为自己、在为手下做好事的时候，他真正应该做的反而是，通过对下级提出更高的要求来满足上级的需求。

服务上级，中层领导才能超越机构和老板对他们的期望，做出最好的业绩，并通过团队的不断努力达到更高的水准。训导下级，中层领导才能更好地为团队服务，对他们提出更高的标准，鞭策他们不断进取，使得团队成员具备更强的能力，从而共同为上级以及机构整体服务。你的手下需要的不是维护，而是对他们的能力充满信心的领导。这样的领导坚信他的成员在面临艰巨的挑战和困局时会振作起来，并变得更为强大。这样的领导渴望为他们建功立业，乐于承担使命，树立奋斗目标。

当你试图维护团队时，你就夺走了一切希望。你是在告诉自己和手下的团队，你们都十分无能，也根本不想干好工作。那些成功的中层领导明确地知道提高要求和辩护是两种截然不同的行为，他们往往选择对下级提高要求。因为他们知道越是鞭策手下，越是能激发他们的潜力，帮助他们取得成功。要真正做到这一点，就需要具备服务上级的意识。

为下级说话：团队潜力就这么被抑制了

史蒂夫与他的老板及公司之间的矛盾在于员工的人数，他担心公司给他的团队分配太多的工作，公司和老板会在意缺少了第四名经理。工作怎样进行重新分配以及是否能顺利完成？显然他们并不关心这个问题。史蒂夫希望一切都维持不变，裁减一名经理显然不可行，所以他干脆拒绝新的尝试。因此史蒂夫选择对抗上级的决定，而不是服从上级。

史蒂夫不应该认为他手下的经理们已经超负荷工作，受到了不公正的对待，并且需要他的保护。他应当让团队成员们知道他们有能力承受更多的工作，他应当鞭策他们做得更好。无数的研究结果证明，失败通常在推动我们领悟和成长方面具有积极的意义，而史蒂夫却没有意识到这一点，他反而对预期中的失败充满畏惧，只想着在糟糕的情况开始之前就躲开。

史蒂夫在随后的几个月做了以下的事情：他改变了自己的理念，不再对抗上级，而是对自己的下级提出更高的要求。他意识到，自己不能天天忙着帮这些经理解决他们的问题。实际上，他本该亲自培养并增强他们的能力。一味地维护他们，他把自己搞得手忙脚乱，从而根本没有时间来留意他们每一个人的长处和缺点。他从业务前线抽身而退，冷静地分析了现有的三名经理以及目前团队应当为公司所做的贡献——缩减成本、提升效率。

当史蒂夫开始这样做的时候，他发现症结的所在并不是缺少了第四名经理，而是他现有的三名经理太缺乏成功的体验。他注意到其中最有能力的那位经理完全有能力承担更多的工作，第二位也具有潜力，只是还欠缺所需的职业发展经验，表现最弱的那位经理似乎从一开始就选错了行，不断给整个团队带来麻烦。因此，他任命能力最强的经理主管所有的诊所；花时间去栽培另一位经理，促使他取得长足进步；同时把能力最弱的那名经理调去更适合其技能的岗位，接着聘任一位新的经理，能够更好地为团队服务。最终，通过对下级提出更高的要求，史蒂夫和他的团队取得了更大的成就。

史蒂夫的成功会带来公司所预期的结果吗？他改变了自己以及他对手下的期望，他会一直这样保持下去吗？让我们拭目以待。不是所有的转变都能增收盈利，让员工满意。有时候，成功仅仅在于领导意识到从前被忽视的问题，这也算是一定程度上的成功。

坦白地说，史蒂夫的故事在我写这本书时还在继续。照我的经验看来，能认清问题的症结并在施行公司计划的同时力图去解决这些问题，这样的中层领导远远强于那些表面上取得成功，但无法认清问题，只会通过在上级面前维护下级而去取悦他们的领导。

借口：畏惧变化的人领导不了别人

很多中层领导都遭遇过与史蒂夫类似的问题。实际上，就在本周我还告诉史蒂夫，我的另外两位咨询客户也提出了同样的问题。例如，苏珊在使用新的客户关系管理系统时遇到了问题。她退缩了，担心员工采用新系统会让他们表现不佳，会有人辞职不干。为了让员工、机构本身和客户呈现最佳的表现、获得最大便利，公司才在新系统上投入了大量的资金，公司会考虑苏珊的担忧吗？显然不会，她抗拒公司的决定，想另辟蹊径。苏珊选择护着她的员工远离她所担心的改变，这是在对抗上级的决策而不是更好地服务。

从表面上看，苏珊是有理有据的。这是两年之内公司试图推行的第二套客户关系管理系统了，第一套系统就遭到了员工的反对，用起来也不顺利。如果仅仅是系统本身的问题，而没有系统背后的一系列问题，苏珊的理由才站得住脚。然而，问题往往没有那么简单，苏珊的老板也没有那么简单。真正的问题在于，苏珊用她的那套理由对抗上级的指令。她畏惧改变，畏惧这个促进她和员工们去学习的需求。唯一能够帮助他们克服畏惧心理的方法就是认识新工具的价值，不仅仅是对公司的价值，还有团队通过为公司的成功做出贡献而增加的自我价值。

中层领导误将对抗作为提升他们影响力与权力的途径，而实际恰好相反，关于这个问题我们会在本书第七部分进行详细的阐述。同样抱怨也不是成功之法。获得成功的秘诀在于圆满地完成任务，令上级感到满意，而绝不是制造借口。苏珊随后要求自己以及团队成员掌握客户关系管理系统，她理解了这一点。她不允许她的手下进行任何形式的"讨价还价"。她明白了公司并不需要她就高层决策问题提出意见，也不需要她列出所有的困难。这套新的客户关系管理系统并不需要被评估——工具已经投入使用。她要求所有人使用这套系统，运用他们所有关于客户的知识不断更新这个系统，使之更好地反映出客户现有的需求以及预测客户未来的需求。一旦对学习和使用客户关系管理系统的收益盖过了对其的畏惧和烦恼，他们就迎向了挑战。

另一位遇到类似困局的是一位供职于财富100强公司的高级领导，他希望我能帮助他找到应对乔纳森的办法，乔纳森是他手下的一位总监。乔纳森的问题是史蒂夫的升级版。他已经作为一名领导在这个公司工作了多年，但每次升职都没他的份。他的人缘不错，就是几乎没人愿意跟他合作，他的团队干得好的时候都没人愿意，更别说其他时候了。他是一名中层领导，以至于他的上级会开玩笑说："这回轮到谁要和乔纳森一起工作了？"

该拿乔纳森怎么办呢？到底哪里出了问题？还有救吗？事实上乔纳森不需要拯救。他只是受了误导。

当我跟乔纳森本人、他的上级以及他的团队交流的时候，我明白了怎么回事。我发现他们谈论了同一个主题：不管做什么项目，还没开始时，乔纳森就给手下打包票说，他会为他们提供保护。当团队达不成目标时，他叫他们向公司解释失败的理由（大多数这些理由都是不可控因素）。然后乔纳森向老板解释，并强调这不是团队的错，他们已经尽了最大的能力。

因为乔纳森总是把责任推卸给他人，甚至是公司，他的老板也拿他没有办法。他从不服务于上级，也从不为任何人提供服务。耍着怪罪他人的把戏，乔纳森总是把他的团队视为受害的失败者。他们总是感觉无助，无法完成任务。与此同时，乔纳森的上级认识到无论对他的团队提出怎样的期许，他总是把时间用来为他的团队找理由，以此来解释为什么达不到这些期许，而从不试着去完成任务。

假如乔纳森能像史蒂夫和苏珊一样，改变他的理念，不再为了维护下级而跟上级对抗，他将会改变他介入团队的方式，开始训导团队，驱动他们超出预期，而不是护着他的下属，使他们永远不能实现这些预期。

信念：让你的上级为你骄傲

正如我在书开头所说，在我的职场生涯中大部分时间是作为管理下属商店和人员的区域经理、B2B 销售团队的销售经理以及市场管理经理的总监之类的中层管理人员。我在这些职位上都取得了成功，因为我奉守一位导师曾经教过我的简单信条："你的工作就是让你的上级为你骄傲。"

这不仅仅是口号，这是我的领导信念体系之基石。当然，我也犯过错，有时候我也不知我的老板为什么会任命我去干活。但我从不因自己的恐惧或自尊就中断对上级的竭诚服务，停止为老板争光。如今的史蒂夫、苏珊和乔纳森所遭遇的情形也恰是（或者说几乎是）我当时的处境，服务上级归根结底就是：可靠地完成工作，而不是畏惧新事物、困难、失败或员工离职的威胁……

停止畏惧，转换思维！在商业世界中恐惧仅仅意味着对未来事物的担忧，如此而已。你不能因你的恐惧而去责怪任何人和任何事，不能让恐惧侵蚀你成为领导者的信心和力量。你只能责怪自己，而不是怪罪工具不顺手、员工不配合或者老板要求高。对抗上级而不去训导下级，这就是你在领导力方面存在的问题。

正如我所阐述的那样，只要上级的期许并不违背伦理、法律、道德，不会导致任何人遭受生理痛苦或虐待，那么你的任务就是满足上级的要求，而不是与之对抗！

如果上级期许的是让员工变得更加成功、公司顺利完成指标以及帮助顾客获得更多益处，那么你的工作就应该是要求你的团队达成这个目标。如果你的手下做不到，或认为这份工作不再适合他们，该怎么办？那就如其所愿吧。

思维转换：成长才能带来更大的安全感

在旧版电视剧《无敌金刚》中，从飞船事故中侥幸逃生的宇航员史蒂夫·奥斯汀被改造为"仿生人"，从而使他具备更好、更快、更强的能力。我的客户史蒂夫可没遭受重大灾难，他的情况好得多，当我开始与他合作后，他为公司创造了 600 万美元的营收。就像苏珊、乔纳森以及其他许许多多中层领导一样，他不可谓不成功。然而，他仍然需要变得更好、更快、更强。他需要的不是仿生肢体，而是转变思维，从对抗上级变为服务上级。

就人类的本性来说：我们往往明知有时候必须经历改变和风险，但是当真正面临这样的情况时，我们的本能总是倾向于待在舒适区（而不去迁移），拒绝改变（而不是去迎接挑战）。在上面的案例中，这就意味着中层领导们会去对抗上级的指令，因为这样做不仅令他们觉得自己敢于反抗权势，帮助弱小，而且会使他们继续按部就班地工作，而不必做出改变。对下级提高要求，鞭策他们进取可一点都不令人感觉舒适。

然而，对抗上级只能带来短暂的舒适，从长远来看维持现状有害无益。维持现状不能迫使你和你的手下激发潜力、超越自我。

它只会让你坐井观天、自鸣得意，只会逼着你一次次调整自己和团队的下限，而不是逐步提高标准。什么样的团队愿意这样呢？

只要你把思路变成服务上级、训导下级，你就会成为一名受到老板和团队成员尊敬的领导。你的老板因你培养出最好的员工而尊敬你。你的员工因你期待他们变得更好，达成你赋予他们的奋斗目标而尊敬你。假如这时还有人叫你"马屁精"，好吧，那是他们糊涂。

第二章　态度：想受重视，就全力帮上级解决问题

　　当这名区域副总裁在他的报告进行到最关键部分时，他的麦克风出了问题。这是我们公司最高层的领导参加的一场重要报告。我们公司只划了三个区域，每个区域只有一名区域副总裁，他们直接受公司的最高管理层领导。最高管理层的所有领导、其他两位区域副总裁以及他们各自带领的团队成员全都在场。此刻这位区域副总裁的报告听起来就像是时断时续的手机通话，在场的人根本听不清。

　　"感谢……最重要的是……如果你认为去年的……增长……"

　　我是另一名区域副总裁手下的区域总监，此刻我的第一个念头就是"感谢上帝，汇报的那个人不是我"。在我还没想到采取任何救场行动之前，台上那位区域副总裁的下属已经从座位上跳了起来，跑向影音团队抓起一支新的麦克风递给他的老板，报告得以继续。这一切的变化发生在分秒之间。

当这一切发生时，我旁边的人轻轻推了推我的手臂，低声说："看这讨好的样子，看起来像他老爸的麦克风坏了。他这个马屁可真及时，影音组还没动静，他就先跑过去送麦克风了。"我什么也没说，当新麦克风在接通音响设备时，他又接着说："哎呀，要是我们区域副总裁的麦克风坏了，他会自己去拿一个新的。他是一个成年人，我才不是来给他打杂的。"

我们都不是打杂的，包括那位为副总裁救场的区域总监，有了他的帮助副总裁立刻恢复状态继续进行报告。只有一个人认为区域总监是在拍马屁，而不是为上级服务。显然这样想的那个人不是我。

意图：服务不是为了私利"溜须拍马"

感知就是现实，在讨好奉迎和服务上级之间有一条界限。不过，即使是同样的行为，讨好奉迎和服务上级也是截然不同的。

讨好奉迎，或者拍马屁是一种为了私利而进行的操纵行为，旨在利用或误导他人。讨好奉迎是给别人端茶递水——一种使别人感觉身份贵重的姿态是使自己得到利益的手段。无论是什么样的讨好举动，里面绝不包含善意，背后总有不可告人的盘算。

服务上级是无私地支援上级的行为，以公司的利益作为考量，绝不质疑。这更多与尊重有关，而不是去吹捧，不存在刻意操纵和算计。

假如你遇到别人管你叫马屁精的情况，问一问你自己：自己是否真诚？你是否因为更好地领导团队、为公司做出贡献而为自己赢得了强势的地位，还是向上级求情、示弱以换来欢心？如果是前者，那么你的下属将同样会尊敬你、你的上级领导以及公司本身，他们不会认为你是一个马屁精。讨好奉承绝不是发自内心的竭诚服务，并且会毫不犹豫地踩着底下的人登上高位。这样的雇员是不受欢迎、让人瞧不起的。如果你是服务上级，那么尽你的一切努力为你所看重的人争光。如果你能一直这样做下去，那么你会自然地获得重视和回报。

这样就引发了另一个问题，是否意味着为上级服务就要牺牲自己的目标，或不能就公司目标提出执行方面的问题？当然不是。服务上级仅仅意味着从正当的意图出发，不因自己的问题而怪罪任何人、任何事。那些说你讨好奉迎的人完全是嫉妒你。因为谦逊而奋发向上的领导方式，你的职业之路蒸蒸日上，对此他们很眼红。具有讽刺意味的是，如果给这些说风凉话的人第二次机会，他们巴不得立刻模仿你的一举一动。可惜的是，即使他们学着你的样子去做也得不到同样的回报，因为他们的动机毫不真诚，看起来不怀好意。

在美国公司供职的 15 年间，我的晋升完全靠工作业绩，而不是当老板的应声虫。当我通过建立强大的团队为公司提供业绩、为老板争光的时候，那些管我叫马屁精的领导和员工要么从公司离职，要么战战兢兢地维持生计，这些人通常都过得比较艰难。然而，他们真会记仇，其中一些人到现在还叫我马屁精呢！15 年后当我从公司离职，有人告诉我，一个被我挤掉晋升名额的人说我唯一的本事就是讨好老板，这个说法我早已耳熟能详了。

这些人不明白，中层领导为什么需要服务上级。那些学会服务上级的中层领导清楚地知道自己的价值所在，却仍然能保持谦卑。那些一开始就拒绝这样做的人，就像在公司会议上坐在我身边的家伙，我们就管他们叫吃醋的家伙吧。

我知道这个吃醋的家伙的事情。这些年来，他一直觉得自己被忽略了，得不到晋升的机会。他觉得自己比其他人更好、更聪明。在他刻薄对待别人的时候，他把自己说得无所不能，但现实中当然做不到。他缺乏通过竭诚服务获得成功的欲望和所需的谦卑。既然他自己不愿意去做，那么其他做到的人都是马屁精，就好像是那个帮老板去拿麦克风的总监。

在那次会议的两年之后，这个吃醋的家伙换了好几次东家。每个老板都发现他总在报告上说好听的，实际上却难于共事。他总是抱怨别人，坚持认为他应该得到更高的职位，直到他被开除。

那个迅速递上话筒的总监呢？他在公司一向表现优异，最后在他们副总裁的帮助下他找机会自己开办了公司。他成功地自己做上了老板，收入是他在做中层领导时的数十倍。这一切都是因为这位区域总监懂得一个最基本的道理：老板给你支付薪水是要你为他提供服务和支援。

行为方式：不思考地执行其实是懈怠

我们都遇到过这样的情况：你的老板给了你一个指令或传达了一个信息，而你其实并不认同这样的改变，似乎也会给你带来负面的影响。你会觉得你的老板并不了解真实的状况，根本不懂生意，简直是疯狂。这会让你感到困惑、愤怒、恐惧、怀疑或者不快。甚至所有这些感觉都有。

这都是正常的反应。而接下来发生的一切就靠你思维模式了。那些思路错误的人往往会落入下面三种情况。

1. "对抗上级，维护下级"型领导的思路是坚信他们的需求是正当的，并不断地向他们的上级抱怨（就好像我的客户史蒂夫和苏珊）。他们害怕采取行动，陷入分析的泥潭中。当他们采取行动时（如果他们这样做的话），这往往是暂时性的，三心二意，以至于整个团队也传染上这样的态度。因此具有这样思维的领导所采取的行动也极有可能损害公司与老板的决策。

2. "自己做着上级的应声虫，却要求下级完成任务。"这样的领导可能是所有"对抗上级，维护下级"型领导里面最坏的类型了。他们试图扮演一个优秀的士兵，教训下属时说着"不管你想什么，这都不重要。任务就在面前，我们必须准备完成它"。他们转身又去欺骗老板说人人都拥戴这个方案，充满了百分之百的信心。虽然这听起来似乎是在训导下级，而且貌似采取了军事训练中"假装你能做到，直到你真的能做到"的方法。这样的领导者同样会损害他们的上级和公司的决策，因为他们实际上并不相信公司的决策。他们只是传达上级的命令。这不仅是级别较低的中层经理人会犯的错误。有一次一个高级经理人告诉我："虽然我的头衔是高级副总裁，但实际上我只是个顶着光环的一线经理，因为我只是按命令行动。"

3."对抗上级，做下级的应声虫。"这种类型的思维模式是最糟糕的。他们告诉员工，自己也不赞同高层决议，认为完全是错误的。他们怪罪上级，怪罪整个公司做出了很糟糕的决定，他们站在员工这一边，把所有的员工形容成可悲的受害者。

别扮演受害者了。服务你的上级。记住：服务上级并不意味着在领导的过程中不得质疑。不认同或不理解自己正在做的事情、执行的指令，却放任疑问的存在，这种情况正是所有公司最担心的——工作就是打卡应卯。你唯命是从，从不思考，也不提问。你是一个"好好先生"或者"好好夫人"，而不是一个"善于发问的思考者"。善于发问的思考者在遇到困惑、愤怒、恐惧、怀疑或者不快时，会去追问决策者，并提出"公司如何看待正在实施的决策"等有价值的问题。这不仅会颠覆你的理念，还会改变你的观点。

视角：质疑往往源于自己的狭隘

我们自然而然地会用自己的视角看待问题。在商业世界中，正如在生活中一样，自我视角会阻碍我们的进步。当考虑新改变、新方向和决策将如何影响自己以及自己的责任对象时，我们通常会有下面两种反应：第一种是我们认为决策会产生积极的影响，因而拥戴这个决策；第二种是我们认为决策会导致消极的影响，进而我们会本能地缩回到现状，或者做些让我们自己感到舒服的事情来减轻消极的情绪和因改变带来的痛苦。

让我们先看看约翰的遭遇，他是我的咨询客户，也是一名中层领导。约翰是一名销售工程师，供职于为钻探公司提供技术、生产设备的高科技公司。有一天他给我打电话说，他对现在的公司和老板都感到相当失望。他的老板刚刚通知他，他们要调整团队、转变职能。

约翰觉得老板做了一个错误的决定，他不了解这样做会给约翰及其团队带来多么糟糕的影响。他的决策是个错误，上层领导都不了解基层的运作。这些领导做决策之前应该先问问约翰的意见。

总而言之，约翰告诉我他在考虑离职："南森，你是怎么想的？"

"我认为你已经在这家公司工作了5年，在这个决策出台之前，你一直认为你的老板棒极了，他是个精英，你们的公司也很有竞争力。"

"这又能说明什么呢？"

"让我们退一步，从更高远的视角再来分析一下这个问题。假如在这个决策之前你的老板是个聪明人，公司也很棒，那么这一切并不会因为一个决策而改变。因此，现在这个最新的决策就是你那聪明的老板、优秀的公司所做的，可能你现在不喜欢这个决策的原因只是这个决策似乎会影响到你。这里的关键词是'似乎'。其实他们所做的任何决定都影响过你，只是那些决定的影响没有这次这么明显。你将你的未来押在了这个决策现在看起来的'似乎'上了。"

约翰沉默了一会儿，然后承认他没有从宏观的视角来看待这个问题，没有发现这个决策从整体上来说对公司和团队是有好处的。因此他决定按我们商量的办法去做：他为他的老板和公司提出他的考虑意见。他通过和老板的沟通更好地去理解这个决策，而不是去挑错。他还就自己的发展问题征询了老板的建议，知道了自己和自己的团队下一步要怎样改变才能取得成功。

几个月之后，约翰体会到了决策的好处。虽然在决策会给他的工作带来一点儿麻烦这件事上，他是对的，但从整件事情上来看，约翰是错的。在克服了最初的困难之后，约翰认识到决策的正确性，团队也因此取得了更大的成功。约翰依旧在这家公司任职，现在你去问他，他会告诉你这个决策没毛病。在跳出自己的狭隘视角之后，一切都变得更好了。

那么问题是：当下一次的决策在约翰和他的团队看来似乎会有消极影响时，他们会怎么办呢？他还会坚持用他的角度看待问题吗？他会放任自己的自尊心，拒绝这些变化带来的麻烦吗？还是会竭诚地为上级提供服务？大多数决策或指令之所以让约翰这样的中层领导感到困扰，并不是因为他们觉得决策本身很糟糕，而是因为事先没有人征询过他们的意见。他们会认为：如果高层真的重视这件事，他们应该先问问我！不然他们真是太瞧不起我和我的团队了。反过来说，这样的中层领导不相信高层良好的用意，拒绝承认他们的上级拥有比他们更广阔的视野，也因此而拒绝竭诚地服务上级。

在本书第三部分你将会读到，在服务上级时我们应当假设我们的老板和上级拥有更多的信息，更有远见，会为公司和所有人做出最正确的决定。在很多情况下，即使是在透明度相当高的公司里，我们也不明白为什么到最后我们才知道高层已经做好了决定，甚至有时候连这也不知道。**虽然人人都喜欢有人来征询我们关于这些改变的意见——或者是通过咨询意见感受到我们在公司里**

重要的地位——但事实情况是，我们往往没那么重要。我们不能局限于我们的视角，认为我们的上级和公司管理层无法真正地了解这些决策的后果。

我不是说中层领导不能一边寻求被人理解，一边继续服务上级。不过，你得认清你真实的意图：你的目的是寻求被理解，而不是指手画脚。当然，你有权表达自己的观点，"许多老板也喜欢有人挑战他们"。他们其实一点儿也不喜欢，除非他们询问你的反馈或者邀请你进行讨论。确实，老板应当尊重员工，并且摒除"员工们总是抵制改变"的偏见。然而，除非老板的决议侵犯了你的原则、违反了法律或是会造成伤痛，否则你应该接受指令，服务上级。

准则：绝对信任带来超强的执行力

作为一名中层领导，我并不总是能够理解公司变革背后的逻辑，但是我和我的团队都全力向目标的方向冲刺。假如方向错了，我们也会无畏地掉头，继续冲刺。这种思路最棒的地方在于，所有的一切出于信念，信念不需要被反复验证。那些可被证明的事情不需要信念和忠诚。**商业中的重大决策和方向调整必然需要这样的信念支撑，因为所有的计划都存在值得商榷的风险。**

因此，当我听见一名中层领导说："只有我知道这是一个正确的决定时我才相信它。"在我看来，这毫无道理。所有的一切都是出于无须论证，甚至是毫无缘由的信任。**请记住，你作为中层领导的力量并不来自你的决定权，而是来自你的信念和承诺，你一定会带领你的团队取得成功，为你的上级服务，甚至不用去理解"为什么"。你的力量和价值基于你的理念、纪律、视野以及执行力。由谁做决定并不重要。**

中层领导需要让员工分享公司的奋斗目标，让员工坚守信念。如果每个人都坚守信念，那领导就不用发愁如何让员工履职尽责。

你是否觉得这样做有点困难？记住：企业中的领导站在与你不同的层次上进行决策，因为种种原因他们不便向员工展示所有的情报。有时候决策基于对市场变化的预测，或是企业想要抢先进入的行业，但是这样的需求现在并不明显，只会在未来呈现出来。我同意公司和领导者应该尽可能地坦白和透明，但是除非是出现非法、不道德或是违背你价值观的情况，否则你都应该记住，给你支付薪水，并不是让你去要求别人向你证明，公司和领导的决策是否英明。这样的信念并不是出于软弱，而是出于对服务上级这个理念的坚信。

假如你作为一名员工或领导人员无法遵从这个法则，或者质疑你的老板或公司正确且正当的决策用意。你可以选择离职，或者调任到一名值得你信赖的领导的任下。同样，如果你手下的人出现了这样的问题，调离他们或者辞退他们。不要让这些不情愿服务上级的人改变我们的宗旨——即使他们把你的马屁拍得很好。

第三章　横向服务：从相互索取到相互给予

　　四年以来，我一直在客户的高级管理层年会上发言。参会者都是管理经理人的高层领导。上一次年会时，我们讨论了为上级服务、横向服务和对外服务的理念，这些高层领导决定将我们的讨论结果在次年就付诸实践：他们会组织不同部门的高管相互分享经验，同时讨论如何更好地为彼此服务。

　　同僚间的横向服务以及与其他部门团队间彼此互助可以汇集不同的观点、发现新的机遇和新的业务方法，这是一个重要的概念。这样做并不是让某位部门领导提出自己对其他部门的诉求，而是讨论他能够为其他部门提供何种服务。这是出于给予而不是获取。如果中层领导能够设法提供这样的服务，即为公司内部的其他部门提供服务而不是一味索取，那么他们也自然而然地会得到他人的服务。这一原则在商业中的其他部分也都适用，比如我们也应该为我们的顾客、客户和商业伙伴提供对外服务。

然而困难在于，授权横向服务不仅仅是在某一次年会上进行过就算了，而是要持之以恒。中层领导需要不断地为自己赢得高层的授权去采取进一步行动，去设法持续进行横向服务以及外部服务。当中层领导具备了这样思路并采取相应的行动时，他所领导的团队也会效仿这样的做法。老板会发现这个团队为整个企业做出了贡献，而不是仅仅关注自己团队的小利益。

我的客户这样做了几个月以后，取得了前所未有的成就。一位首席执行官告诉我，在进行向上服务、横向服务、对外服务期间，他们不断地向整个企业灌输这个理念，并要求他们的中层领导全面落实这一理念。中层领导们统一了方向，结果整个企业文化出现了翻天覆地的变化，隐形的壁垒得以清除，领导们以及部门之间都试图"为他人服务"。他将其称为"能被看见并感受到的文化"。如果你这样做，你的公司也会变成这样。

打破壁垒：别把同僚当成对手

在我们的培训期间，肯告诉我他在和公司的设计创意团队打交道时遇到的麻烦。他说那是一个"落井下石的团队"。肯是销售团队的一名中层领导，他负责领导销售团队完成指标，为客户提供最好的产品。

最近他同老板以及设计团队的经理一起参与了一个会议，在会议上，他们讨论了部分客户的订单出现延迟和偏差的问题。肯说那名设计经理竟然责怪他的销售代表，说他提供的文件不完整，所以设计团队也跟着发生了错误。肯则回应道，是设计师没有按照客户的要求进行处理，总是凑合，按标准操作流程应付了事，从不精益求精。他还说设计团队根本不关心客户的项目，总是找借口推托，从来不会积极主动地做事。

我让肯在培训中把整个事情再从头到尾分析一遍。那位经理有没有说错？销售代表是不是没有把文件做完？有时候这样做是不是有点不恰当？

"是的，但是这也不是他们的错。客户总是在改变方案，要不就是销售代表忙忘了。"

"你现在该考虑的不是这些，而是接下来该怎么办？"

我对肯的建议是假如每个部门的领导都在想着怎么把自己的部门管理好，而不是操心其他部门的事，我们就会有进展了。把你自己职责范围内的事处理干净，这样你才能提供横向服务，为其他部门解决问题。假如你问一问设计经理，你和你的销售团队应该怎样改进才能更好地配合他们，让设计师愉快顺利地进行工作，又会是怎样的效果呢？

"设计团队当然爱听这样的话，但他们会提出一些根本没法实现的要求。"

只要你问一问，看一看销售团队能为他们做些什么，就会开始消解两个团队之间的矛盾，你不觉得吗？

肯觉得有这个可能，他也愿意尝试一下。一周后他给我打电话说现在他和设计经理之间的情况好多了。

我问他有什么不一样了，他说我们谈话的当天上午他就去了设计经理的办公室，提出看看他团队的失误，以便今后提高工作质量。于是他们开始讨论一些其他的问题，许多看起来不严重，但是他的团队却应该认真对待的问题。

肯告诉我这次会面的最大好处是，在他的主动沟通后设计经理告诉肯，以后有什么需要他帮忙的只管找他，他和他的团队都会效劳。几个月以来，他终于觉得两个团队在互相协作了。我除了向肯表示祝贺外，还告诉他要信守诺言，要让自己和自己的团队认真地为设计团队服务，日复一日地为同僚提供横向服务。

就像肯的故事一样，你是否经常听到你认识的人，身边的人跟你讲起类似的事情、做出同样的抱怨？"这是他们的错，不是我们的错。"或者是，"这是他们部门的职责，不关我们的事。"或者是，"主管是他，又不是我。"再或者是，"我干吗要操心其他部门在干什么？"这些只是你从明面上听到的。你听不到那些讨厌你的人背后都在说什么。那些人一贯认为，除了为自己办事的人，其他人都是敌人；认为其他人时刻威胁着自己的领导地位；认为除了服务上级之外，给其他人服务都是软弱无能的标志；认为只该做那些能帮自己成功的事，其他事情都是浪费时间。

对于那些数不胜数的壁垒，我们也感到深恶痛绝，但是经常见怪不怪。

这些壁垒存在于各行各业中，将不同的人员、团队和部门隔绝开来。许多的领导、部门和团队都是自私而隔绝的。他们认为相互合作，或者至少是相互欣赏、彼此酬谢是行不通的。向别人寻求帮助？那说明你自己不行。互相合作？那意味着你无法独立完成，或者承认自己的做法是错的，不是吗？对于中层领导来说，为同僚提供服务总是一件消极的事情。

然而，不用去管那些反对者，他们也不会喜欢我下面的说法："别管他们，打破壁垒，将赞成互助的人联合起来。"每个企业都会有各种壁垒，壁垒中的人进行着"我们还是他们"的斗争。运营部指责销售部。（"他们的销售方法不对。"）市场部挖着工程部的墙脚。("他们的设计和制造都有问题。")我最喜欢看的就是财务部对所有人开战。我很喜欢我的财务团队，但是在他们眼里人人都是敌人。

相互支持：总能想到办法超越分歧

其实用不着等待一个巨大的转变或是进步的出现来促使同僚间的横向服务，只需要转变我们的思维模式，在日常决策、常规行为中去为同僚服务。这样，当问题出现时，我们就已经具备了为同僚服务的机会。在我职业生涯的早期，我已经学会打破壁垒，在争议出现之前就坦率、真诚地为其他部门提供服务，这样做使得我和我身边的人都取得了很好的工作业绩。

在销售寻呼机的时候，我会问问仓储部门，他们需要清理哪些库存，我们就主力销售这些机型。

同样地，一旦当我在销售上需要帮助时，仓储经理总是乐意提供帮助。五年后，当我成为区域总监的时候，我甚至试着打破与财务之间的壁垒。我让区域财务团队的领导告诉我们财务指标，我们也告诉他们销售指标，我们通过相互合作都完成了目标。我们的工作帮助我们的总裁取得了公司内部的最佳绩效奖，虽然我们的努力只是其中的一小部分，但从此公司内部开始了更多的交流和相互服务。例如，一位财务经理会同我的销售经理帮助完成全国零售商收支对比报告。这并不是他的老板指派给他的任务，而是出于我的销售经理曾经说过，需要这份报告指导现场销售人员。这位财务经理开始着手这件事情，并给我们发送了所需的分析工具。他主动地做了这些事情。他作为我们的合作伙伴为我们提供了横向服务，我们服务于同一个欣欣向荣的团队。

然而，当一位曾和我共事过的了不起的中层领导要求与我建立合作关系时，我才真正地理解到为同僚提供横向服务的真正力量，并意识到以前我所学的关于如何做生意的"正道"完全是无稽之谈。他并非在跳槽之后的新公司发出邀请，而是就在我们共事了很多年的公司内部建立合作。

帕特里克那时是零售总监，我则是渠道营销总监。过去，这两个部门一向不和。帕特里克的团队负责通过公司直属的商店进行销售；我的团队负责让更多其他的分销商加入，以进一步提高销售额。

对于公司来说拥有多个销售点和多方面的销售渠道对成本控制和跨度管理是件好事。然而，在帕特里克接手他的团队之前，他们一直认为我们的团队与他们争夺销售份额，造成他们的收入缩减，导致更多的客户服务问题。然而帕特里克上任后，我们俩进行了交流，决定一起改变这个格局。我像从前一样告诉他（前任总监对此不予理睬）：我的团队愿意为同僚们的部门提供服务。他跳起来说道："完全同意。现在轮到我们俩给我们的团队做个榜样，示范一下如何相互服务了。"帕特里克是认真的。他告诉我，我们将向手下的六百多名员工说明我们是同一个团队，我们的目标是相互支持。

这样做的结果不仅仅是我们取得了成功，还打破了负责加利福尼亚州市场的公司内部的壁垒，同时这股变革之风迅速地影响并波及了整个企业。现在，当间接分销商遇到麻烦时，直销商店会第一个伸出援手。有史以来第一次，顾客无论在哪里购买电话，他的体验和受到的服务都是一致的。唯一重要的是他们都是我们的顾客。第二年，渠道营销团队新增了超过50%的第三方销售点，每个销售点在开办前都通过零售团队的评估，只有帕特克会评估新的销售点是否会影响直销商店的业绩，以及在当地开办这样的销售点，销售者能不能盈利。

以前销售渠道之间的矛盾是普遍存在的；现在他们不仅相互协作、彼此服务、合作共赢，而且交上了朋友。很快加利福尼亚州市场——从前那是全美国业绩最差的市场——成为最佳销售地区之一，因为我们"为顾客服务"的理念也影响了我们的顾客，顾客相信我们关心他们，因此我们的同僚之间彼此关心。

通过横向服务打破壁垒的三个步骤

1. 用为同僚提供横向服务的理念训导你的手下。让他们知道这是强制性的，是团队的核心原则。让他们明白对外服务的重要性以及如何实现双方团队共赢。每天都要求贯彻这个理念，只保留团队中真正落实这个理念的人。要明白"我们必须要这么干"而不是"我们被逼着这么干"。

2. 去拜访公司里的其他部门、工种和团队的中层领导，告诉他们你愿意为同僚提供服务，告诉他们你们团队的目标以及要为公司完成的目标是什么。邀请这些中层领导加入到共同目标中来，在自己团队取得成功的同时为其他的团队提供服务。一旦有其他的中层领导赞同这个理念，愿意做出承诺，那就抓紧时间开始吧。弄清楚你的团队能够通过何种方式为他们提供服务。带着学习和共同成就的心态去聆听，而不要辩解或者说："我们已经这样做了。"而是要认真地做笔记，在以后把这些事情做得更好。

3. 不要只对一个部门或工种这样做；对整个机构的各个部门

都要一视同仁，命令你的团队同样如此。这是消除这些壁垒的唯一法则，这些壁垒根深蒂固，因恶意行为而起，或者不过是因缺乏沟通与理解而起，他们不知道该如何运用服务同僚的理念去打破僵局。

简而言之，在整个公司内部为他人（同僚、合作者）提供服务，不仅会使你成为一名更好的中层领导，还会在工作场所建立共赢的局面。

这也会让你、你的团队以及你的公司在市场竞争中胜出。因为在公司中进行横向服务会为你打开全新的视野，使你更好地为团队服务，更好地为顾客服务。

服务思维：不管做得多好，都能更好

你是否经常听到公司宣称，客户服务是成功的关键，但这也恰是他们的难题？许多中层领导每天都能体验到其他行业为他提供的糟糕的客户服务，但是一旦问到他们自己部门的客户服务如何时，他们会说："我们公司的客户服务最棒了。"我这么跟你说吧，90％的中层领导说过这样的话，他们听起来就像夸耀自己小孩以后会成为职业运动员的家长。这些话听起来有点假，就好像说你们的客户服务团队是世界上最棒的。

就像服务上级和服务同僚一样，要解决这个问题就要改变过去关于客户服务的文化，把我们的理念转变成为：实现客户服务的关键在于成为顾客的侍者。这不仅是措辞上的变化，这也是理念的革新，需要训导和执行。

你的手下必须拥有愿意成为顾客侍者的理念。

—— 理念 ——

重新去思考一下你会怎样招待来到你家的重要客人的问题。假如现在你得为他做一顿饭，你会拿出家里最好的食物，还是把周二叫的中餐外卖的剩菜，拿出来，用微波炉热一下给客人吃？假如我是客人，我可希望你拿出家里最好的食物来。

那么现在，假如这位客人是很重要，但是人品实在很差，你会怎么做呢？你一点也不喜欢这个人，但是你无法逃避与他共处。你会拿出什么样的饭菜来招待？同样的道理！我们在工作上的服务会得到薪水、赏识，最重要的是会得到意义感，你不必在乎客户的态度。别让他人的反应决定你的服务行为。你永远不知道：

你可以帮助那些人克服他们可能遭受的任何痛苦或挫折。

侍者式的服务理念即"永远提供服务"：

·我希望让你感受到与众不同。

·我希望让你感受到自己受到欣赏。

·我希望你感受到自己得到尊重。

·我希望你感受到自己被我们照料。

·我得为你服务。

·我所做的一切不是我的工作需要，而是为了实现我的目的！

挑战你自己和你的团队，想办法去做出侍者般的举动去落实对外服务的理念。什么会使客户感到震惊（从良性的方面来说）？什么样的改变会得到他们的赞许？这并不需要金钱来实现，只要更加努力地以像侍者一样去效力的理念去和顾客打交道。让你的顾客觉得你更加热切地想为他们服务。

实际的情况是大多数顾客感受不到我们对他们所做的事情，这个情况在各行各业中都存在，无论是销售、医生、工程师、农夫还是银行家。顾客判断是否得到服务的标准不是我们做了什么，而是怎样进行服务。我发现，当我主动为不高兴的顾客提供服务时，他们的心情会稍微变好一点。

作为一个侍者，我们需要如下的理念：无论我们在顾客服务方面做得多好，我们都可以做得更好。我们一定要力争成为最好的侍者，就像专业运动员一样，无论从前取得过什么样的成绩，永远争取突破。换而言之，为顾客提供服务需要我们具备主动选择服务的理念。假如你不想这样选择，那就不要从事服务行业。如果你选择了，那么无论顺境逆境你都需要约束自己，持之以恒地延续这个理念，在逆境中尤为重要。这样的约束由中层领导而始，在遭遇疲乏、挫折和失败时他们必须保持坚定，因为他们提供服务的目的就是为顾客带来积极的改变。他们必须足够坚定以至于不会受到那些软弱者的动摇或阻挠。

你的理念中的强大力量会避免别人动摇你的目标或阻止你的行动。这一点无论是在为客户服务，为同僚服务或是为上级服务时都适用！唯一不适用之处在于为下级服务的时候。我并没有忘记我们的员工，我特意把他们留在后面来说，因为为员工服务就是对他们进行训导，使他们变得更强，向他们展示如何为上级服务、为同僚服务以及为客户服务。

这是下一步要做的事情。

第四章　服务上级的 21 条建议

采取下面的步骤可能比"说做就做"困难一点，但是比找一份新工作容易一点，比怨天尤人会多出很多收益。

思考一下我的原则："我的目标是为老板服务，为他们争光！"然后花点时间去消化这个原则，把它变成你自己的想法。现在写下你要根据这个原则所采取的行动。下面是一个样本清单，你可以照着这个来。

· 给老板递交每日或每周的仪表板式报告，让他们完全清楚团队的工作进程。

· 给客户打电话，让他们了解所有对他们有利的事件和进展，不需要说你自己的事。

· 收到指令后，接纳并遵从指令，在被要求和必要时真诚地给出反馈和想法。

·当自己不赞同指令时，要假设老板在重大问题和解决方案上比我更有远见和知识。提出能够帮助自己更好地理解指令的问题，而不要去找碴。

·永远不要对团队、同僚、客户、合作伙伴、顾客或任何其他人员说老板和公司的坏话。

最后，当你列出清单之后，写下你的每个行为的预期结果。这是个关键，因为许多中层领导知道该怎么做，但就是不做。首要原因就是这样做或是牺牲所取得的预期结果，并不值当。因此，一定要清楚你的预期结果，这将会成为你坚持原则和纪律的动力，否则一旦服务上级的新鲜感和乐趣消失殆尽，你就会放弃这些原则和纪律。当这样的情况出现时，记住下面的措施和服务上级的收获。

措施

·不要对抗上级，维护下级，而要训导下级，服务上级。
·区分讨好奉迎和服务上级。

· 假设良好的意愿：你的上级以及公司拥有更多关于如何解决问题的知识，因此，你的个人观点有局限性。你可以持反对意见，但是还是要拥护决策。

· 积极主动参与，当上级问询时真诚地说出反馈意见和想法。

· 提出关于更好理解决策和如何更好执行的问题，而不要想着找碴。

· 不要出现自负和自以为是的行为：信念无须证明。

· 主动为机构内部的同僚提供服务。

· 侍者服务永远好过顾客服务。

· 服务创造销售。

收获

· 与老板、顾客和同僚建立良好关系。

· 因优秀的工作业绩受到尊敬和重视。

· 在职业生涯和个人目标方面都得到成长。

· 团队成员对你充满感激并愿意为你提供服务。

· 目标和文化得到分享。

- 永远保持积极的信念体系。

- 成为更好的"自己"。

　　有效地服务上级（服务同僚、服务客户）的好处在于使这些侍者行为成为你们公司的日常文化。关键是在遇到需要解决的问题之前，就将其作为指导原则进行分享和教育。这样当遇到问题的时候，你已经具备了这样的理念、视角和信念。当这些原则被理解和内化时，无论外界的情况如何改变，你都要继续坚持执行这一理念。

第二部分

2

向下赋能

将下级训练得比困难更强大

训导下级即对你自己和你的手下给予最高的期望，要求大家全力以赴。通常中层领导并不这样做。他们不愿让团队承担责任，为他们的失败表现寻找借口，使团队无法自信地提出任何解决方案，更不用说实施任何解决方案。这样做不能很好地为他人服务，也无法构建一种具有责任意识、能够带来创新和成果的企业文化。这就好像那些直升机式家长整天关注孩子的一举一动，总是越俎代庖，试着替孩子解决人生中的挑战，最后还给孩子发一个参与奖进行安慰。

训导下级不是替他们排除障碍，而是将你的手下训练得比困难更强大，使他们具有能力实施解决方案，克服各种困难。

为什么我们会试图代替手下去解决各种困难？

为什么我们像教育孩子承担责任那样让我们的手下也学会承担责任？

为什么我们会要求我们最爱的人变得更好，当他们行为恶劣、成绩糟糕时理所应当地对他们进行严厉的惩罚，但是对我们管理的手下却无法这样做？

因为我们缺乏"训导下级"的理念。

第五章　中级职责：帮下级做好成功前的准备

"有多少人希望你们的员工与你们一样关心生意的成败？"

在我的工作室，我经常这样问那些来向我咨询的领导者，而每一次，他们都微笑着举起手来。

"好吧，让员工像你一样投入是一个奇迹，但不是神话。不过，所有举手表示希望这样的人，你们又做了什么以便实现你们的愿望呢？"

沉默。

"你们中有多少人每周至少抽出一小时来培养员工呢？不是手把手地教他们该怎么做事，而是训导他们自发地把事情做得更好，有多少人这样做呢？你们把人集合起来，分成小组进行训练，或者进行模拟演练和角色扮演吗？只要做过其中任意一件事的人请举起你的手。"

只有寥寥少数几个人还举着手。那么假如你在现场，你还会举着你的手吗？为什么放下了呢？你可能会像那些放下手的领导们一样，告诉我没有进行这些举措的原因。

"不是我不想这样做，南森，"所有人都会这样告诉我，"作为领导哪有时间去培养、教育和训练员工？"

你希望员工像你一样投入，但你对他们的重视程度还没达到花时间跟他们待在一起，你发现其中的差距了吗？最好的中层领导懂得只有他们开始重视员工的职业和个人发展，员工们才会更加重视工作以及生意的成败。然而，这样做就需要你拿出时间与员工在一起，塑造他们。

"我不能天天手把手地照顾他们，南森。"他们这样跟我说。

训导下级不是手把手地照顾他们，不是替他们排除困难；训导下级是把他们变得比困难更强大，并且绝不降低努力标准和对成绩的要求。这在于营造一种主人翁的文化氛围，在这样的氛围里人人鞭策自己寻求方案而不是制造问题。

"让他们体验失败，对吗，南森？"他们问我。

对，体验过失败的人更有可能取得成功。不过，体验失败（或者就像现在流行的说法，在失败中前行）和把团队带向失败是两种截然不同的事情。我可以接受失败，但这不意味着我的团队根本没有争取过成功。假如你们对自己的团队置之不理，怎么能够赋予他们获得成功的力量呢？中层领导对他们的手下的首要责任就是把他们锻造得更好，更加成功。这才是真正的训导下级。

"我才不信这些无稽之谈呢，南森。"他们说。

训导下级绝不是无稽之谈。这不是准备一些有趣的活动和亲密的经历；这不是告诉你的手下一切都会好起来；这也不是不问他们的成绩和任期如何，让你的员工像态度恶劣、三观不正的任性小孩一样到处乱跑。训导下级是在不损害公司利益的前提下，让人们成为真实的自己，并支持他们以目标为导向的生活。训导下级意味着满足他们真正的要求。

自我更新：旧方法无法突破旧习惯

我曾经为训导下级专门写过一本书（《领导力战略手册》），因此本书的这一部分可以为读过那本书的人做一次温习，为那些不了解我的原则或训导概念的人做一次启蒙。

当今，我们频繁地听到中层领导和机构使用"训导"这个词来描述他们是如何服务员工的。他们是正确的：为你领导下的员工服务意味着对他们进行训导。我发现很多机构和中层领导喜欢用"训导"这个词，却不太关心这个词的含义，更别说实行训导文化了。他们只是觉得这样不错，或者觉得自己已经是一名合格的训导者了。然而，很多机构并没有专门地教会领导如何做一名训导者，他们也没有在实行真正意义上的训导；他们只是管理员工，沿袭他们的前任一直以来的做法。

许多中层领导认为他们在训导，但实际上并不是。最常见的例子就是他们以及企业混淆了训导和复盘的概念。复盘只是训导的一部分，仅仅是一部分，就好像"关于事情是怎样发生的以及当时我们还可以采取什么措施"。

大家分享想法，无论好坏，然后给出调整建议，如果有的话。这既不是一个完整的训导流程也不是一个完整的复盘流程。这只是一个简单的复盘，假如在会议之前没有做任何功课并进行复盘，那这样的会议就毫无价值。基本上这样的复盘只是在讨论（不知何时出现的）下一个机会，没有训导的话，很快就会被遗忘。换而言之，一旦这样的复盘会议结束，"游戏"也就结束了。复盘变成了一个简单的赛后总结，没有什么实际用处。

除非做过了充分的准备以及在事后有更多的机会进行复盘，否则在下一次遇到难题时，这样的管理方法并没有什么用处。训导会在出现任何复盘之前帮你的手下做好成功的准备，无论他们在所要讨论的境遇里成功还是失败，后期的工作都会持续数日、数周甚至数月。前期会议或之前机遇分析中得出的复盘结论会成为训导的一部分，并为抓住下一次机会做好准备。关键在于明白复盘的部分和准备的过程是截然不同的两个部分。

我们一步步理解：一位经理观察一名在零售商店里接待顾客的员工。在顾客离去后，经理走向员工询问他，在刚才的过程中，哪些做对了，哪些以后需要改进？他们就员工的回答进行讨论，然后分道扬镳。

然而，假如这位经理是一名服务下级的训导者，他会怎么做呢？如果第二天早晨经理又一次走向员工并要求他演示昨天的服务，以备今天再遇到同样的问题，那么员工应对起来会不会更有把握呢？如果训导者和员工自己围绕类似情况多几次"对抗训练"，那么员工是否就能更好地理解未来可能出现的其他情况呢？

最称职的训导者会为他们的团队这样做。你们又为何不这样做呢？我们为什么不这样做呢？

这章开头的部分我已经说过种种做不到的理由，除了下面这个我还没说：如果我们按照过去学到的方法进行管理，那么就很难突破旧有的习惯。为什么你认为很难改变饮食习惯来减肥？因

为继续吃炸薯条和购买更大尺码的衣服相对于节食来说更加简便。然而,当你面临生死抉择,医生告诫你别吃的时候⋯⋯好吧,就算那样的时候,改变习惯对很多人来说还是困难的。**我们总是喜欢在自己喜欢的事情上进一步测试底线(我们也习惯了维持不变)——还有就是炸薯条确实太好吃了。**

当然,商场中并不是每一天都面临生死抉择,但是企业如果不能取得进展,就会被淘汰出局。甚至即使企业还没到亏钱的程度,它也会因平庸管理而缓慢死亡。平庸管理就是商业中的炸薯条——这样管理很简单,不用动脑筋,管理的时候也顺利——但日复一日地进行平庸管理是很危险的事情。这样的管理终将堵塞机构的动脉,使组织机构无法健康成长、无法实现最佳状态、无法达到卓越(即创新和强劲增长)。

那么,我们为什么还要继续这样下去呢?你曾尝试过不吃那盘美味的炸薯条(或者其他致命的食物)吗?这很难。这些炸薯条是最让你感到舒适的食物,你怎能拒绝?谁能告诉你怎样抵制诱惑?训导者可以。他会通过训导使你体会到另一种力量。

请关注这个词:"如何。"在我展开服务下级原则之前你就听过这个词,你会在这本书里反复听到这个词。我不太关心当你进行训导时具体要做"什么"，我比较关心你如何进行训导。就像服务下级一样，这一切是从转变理念开始的。当前，在领导员工方面，你认为的常规的办法都将被颠覆。

中层领导需要要求从自己的上级那里得到"训导"，并且通过训导下级为他们"服务"。

赋能：让杰出的人才越来越好

我希望你成为最好的自己！即使你已经很好了，我希望你更杰出。即使你已经很杰出了，我希望你还能再优秀。我不想接受任何形式的不完美，因为我们的员工应该有一名激发他们所有潜力的训导者。员工的发展是没有终点的。作为一名中层领导，如果你不学习、不进步，你就不会训导。只要有人一直给你发薪水，你就永远不会训导。

问问你自己：是谁应该帮助你的员工在工作上获得最佳表现？你自己！这个理念是成功进行训导的第一步：确保整个团队能够达到你的预期，达到获得成功的最佳状态。训导者的目的不是雇用优秀的人去做工作，而是雇用杰出的人才，并让他们越来越好。

这样看来，企业中训导者的工作类似于竞技体育中教练的工作：让"队员"变得更强大；尽你所能帮助他们做好准备，迎接下一次机遇、会议或是销售拜访；要求他们按你的训导去做。

这就要求你自己首先付出更多的努力。

训导下级不是被动地"放手"行为（"放手去做，我会给你挪出位置并且支持你"）。同时，训导下级也不是微观管理。训导下级需要与你的团队成员建立更紧密的联系，帮助他们训练技能、模拟演练以及为将来的会议或行动做好准备，由此使他们胜任工作，以你作为上级而进行服务，进而为公司的全局利益服务。

你必须向自我挑战，更加努力和更加优秀地训练技能，并具有积极的心态和强大的信念体系。我承认，这仿佛在起舞。一方面，中层领导希望下级明白他信任自己的手下，并且知道员工们能胜任他们的工作。然而，往往"放手不管"会使得员工无法从领导身上学习和成长。只有在事情出了错时，领导才会出现，这样就无法进行训导了。另一方面，"事必躬亲"的微观管理是因为领导无法信任下属，这样的领导无法使他的员工发展出独立的能力。

如何在两者间进行平衡就得回头看看我们的目的，训导下级之前，我们需要向我们的下属阐明这个目的。例如，我过去常常对我的下属说：我的目的是使你们变得更好，告诉你们如何使你的能力与你的期望和行为匹配。**作为一名训导者，我将为你们提出明确的设想，提出这些设想不是为了限制你的创造力，而是为你的创造力提供一个框架。**

我期待你实现或者超越我为你规划的每日、每周，或是每月的设想。我会帮助你学习技能来实现它们，因为我知道你和团队取得这些成就需要做出怎样的努力。我绝不希望你感觉到你得躲着我。我们是一个团队，我希望你告诉我需要去处理家庭事务或者是需要去做点其他事情的时候，你是出于我对你的尊重，而不是出于害怕我的惩罚。

我真的说过这样的话，因为在我职业生涯的早期，我知道我不能告诉某些领导我出去做点私事，而不是去做日常的公干。当领导打电话过来的时候，我正跟我的伙伴们在高尔夫球场享受快乐时光，我会在接电话时说"老板你好，我刚拜访客户出来"，并且回头编造一些措辞来印证我的行动。我知道我没办法相信老板会理解我。几年之后，我的另一个老板正好相反：只要我干完我的工作，他从来不管我去干什么。然而，很快我就意识到这样对我也没有好处。我不用再撒谎了，但是我在业务上也无法提高。

实际上，很快我就感到无聊和自满。

再后来，我遇到一个老板能够平衡这两种状态。我喜欢他那种坦诚并独特的风格。他告诉我，他期望我每天都全力以赴，他会帮助我走向成功。如果我想抽空休息一会儿或者处理点私事，他希望我坦白地告诉他，而不要遮遮掩掩，这样有事时他就能找别人来顶替。他还要求我也必须愿意为他和团队顶上来，一旦他们需要我加班或者做出牺牲。"我们的目标是赢，南森。如果你没有和我们一样的共同目标，或者不愿意做更多的工作以及把事情做得更好，你不妨换一个团队或者换份工作。"

我没有换工作，从那时开始我领悟到了训导下级的力量。在这样的训导下，我不仅生存了下来，而且还活得很好。

第六章　狼性文化：自信且对胜利充满饥渴感

我的妻子喜欢园艺，在养死了许多植物之后她学会了一个道理：无论多好的种子，一旦被种进贫瘠的土壤，那就长不好了。

这个道理对我们的员工同样适用。中层领导在进行训导下级时就是在为他们创造土壤（文化），使他们不仅能存活，还能茁壮成长，取得显赫成就。这种文化通过日复一日的团队协作、积极心态以及为每一件事竭尽全力的意愿而传递。你必须这样！但是你也不必像真的教练那样严苛。

乔·梅登这位棒球经理打破了棒球史上最长的诅咒，带领芝加哥小熊队夺得 108 年来的第一个美国联赛冠军。毫无疑问，他是芝加哥小熊队的英雄。即使我不是棒球迷，他仍立刻成为我心目中的训导英雄。

不是因为他带领他的队伍第一次达到了 21 世纪的巅峰。也不是因为他对球员提出的挑战，鞭策他们变得最佳，一贯坚信他们会赢得冠军（也要求球员永不放弃这个信念），所有运动中的伟大教练都会这么做。

梅登身上吸引我的是，他是如何在比赛前一天让球员放松的。在连续几天的高强度训练之后，他会开办一个主题变装日。比如有一次球员们穿着睡衣去参加客场比赛。这种严肃而有趣的教练风格创造了一种梅登文化和个性鲜明的领导风格，从而在团队中的每一个人之间培养出了真正的友谊，并且时不时地提醒大家别把自己看得太重。不过是棒球比赛而已，没有人会牺牲。

经验就在这其中：在你的办公室也来一个变装日吧！好吧，我的大多数客户发短信问我要不要去看医生，他们觉得这太疯狂了。我一点也不疯狂，我也不强迫你去变装，你只是要去营造一种健康、个性、有趣却依然专注的训导文化。

中层领导用不着像军官那样去训导和要求下级，然而商业领导可以与军官相互借鉴。

梅登效应：塑造团队文化的三件事

1. 要求团队中的每个人具有积极蓬勃的心态。所有的人，一个也不除外。你知道总有些另类的人；要么使他做到这一点，要么让他走人。你的团队赋予你责任和权力确保每个人的工作正常运行，并开除任何为团队带来不良影响的成员。

2. 实行"我们会"的信念体系。当公司进行较大变革时，你的手下必须专注于他们将会完成的任务。在竞争失败时，你的手下会说下一次我们无论如何会赢。这种"我们会"的理念意味着他们不担心事情发生的原因，他们更重视如何通过扩大胜利或克服阻碍做得更好。没有自怨自艾的失败者，只有积极蓬勃的胜利者。

3. 实行"梅登效应"。愉快地赢得胜利，愉快地工作。你能设想这样的文化吗？人人都有积极的心态。唱反调的人要么被改变要么被淘汰。一切顺利，不过是有一个困难需要克服罢了。人人欢笑愉悦，同时认真对待工作，前所未有地努力奋斗，为你服务！天哪，这听起来多棒啊，不是吗？这并不是无法实现的幻想。训导下级，这一切就会发生。但是要实现真正的繁荣兴盛，你必须不懈努力。繁荣兴盛意味着用正确的方法对正确的人进行训导，然后花时间去坚持做好这件事。

精力分配：时间要花在值得的人身上

在体育世界里，教练在顶尖的运动员和巨星身上花费最多的时间。其他队员努力训练，熟悉体系，完成分配的任务，但是教练在他们身上花费的时间较少。在比赛的多数时间里，他们坐在板凳上观战。这是因为只有成为最佳、最优秀并且最努力才能赢得教练的时间和关注。教练尊重每一个人，但是更重要的是，你必须赢得教练的尊重。

在商业世界，中层领导经常做相反的事情：在那些需要关注的人身上花费时间，反而让那些值得关注的优秀员工独自完成他们的工作。

我认为他们是这样想的。"我干吗还在这些胜利者身上花费时间？他们已经成功了。我可以让他们自己干活，我要使那些弱者变得更好更强。我需要把弱者改造成为强者。"听起来有道理，不是吗？但是这里存在听起来不合理或者根本不合理的东西：关注那些磕磕绊绊的人，不管是出于何种原因，会把你卷进他们失败的后果中去。这样会使你看起来在团队中总是涉及负面的事务。而你的优秀员工会不再需要你的关注，转而希望独立工作！

当领导把时间花费在那些值得的人身上时，其他员工会看到，他们会认为他们也要争取领导的时间。这会促使他们表现更好——工作更努力并取得更好的成果。但是这也并不意味着可以忽视那些已经在努力尝试变好的人，中层领导需要建立他的后备力量，设法在所有员工身上花费时间。

作为一名训导者，他们也需要帮助那些资质一般的人获得胜利，无论他是在你的团队里，还是在公司的其他部门，或是在更适合他们天赋与技能的新公司。

然而，只有在我们花费了足够的时间与自己的手下进行实践、"分组对抗"之后，在多余的时间里才去做这些事。

训练：把已知的事情执行得更好

训练是创造繁荣文化的关键因素。没有什么能比学会施行一个强大的训练计划更能提高生产、培养人才和提升全方位的成功了。然而，运动员90%的时间用来训练，而我们的商业团队只用1%都不到。这个问题是怎么产生的？因为我们最好的员工和最差的员工之间的区别在于他们在训练中培养出来的那些技能：人际交往能力、领导能力和沟通能力。

在我们继续往下说之前，先明确一件事情：我说的训练不是培训。很多公司会为员工进行系统培训、产品培训，甚至投入一些年度发展培训。这样做没问题，但不是我说的训练。

培训是学习新事物。训练是把已知的事情做得更好。训练不是在有需求的时候才去做的事情。需求永远存在，因此全体员工需要每周进行训练，包括优秀的员工和落后的员工。试想假如我们不强求他们参加训练，他们多久才会出现一次？

大多数人觉得他们已经够好了。也许他们确实够好了，甚至够杰出了，但是再优秀也不能停止训练。我们所有人都不能停止训练！实际上，优秀的员工更应该更多地参与训练，甚至可以说中层领导的职责之一，就是指导最优秀的雇员融入这样的企业文化。

训练主要针对的是通常被我们称为"软技能"的东西，这些东西在很多企业文化中被严重低估。它们包括：如何服务并吸引顾客，如何处理消极员工等。这其中有无数的主题，值得我们反复训练。

关键在于使训练有趣。从小进行体育运动的人都知道有两种不同的教练。一种教练总是使训练充满欢声笑语；另一种教练总是板着脸，好像在训练中玩得开心就是嘲笑别人完成一件三岁小孩都能做到的事。训练的过程本身重复而枯燥。然而，这就是我们的学习的方式：通过重复任务获得经验，并在不同情况下加以应用。

这种情况下，我们作为中层领导为上级做的每一项服务都不如训导下级这件事来得特殊。简而言之，中层领导的工作就是要让所有人参加训练。其中的关键是：期望和责任。中层领导应当举行每周的训练会议，来营造训练文化，带动团队发展。

把那些枯燥的员工例会变成有效的训练会。这种训练会一般只要花费 45 分钟，至多 1 小时。它包括：

· 教授一个主题或一种技能（例如如何处理客户账单问题）。

· 讨论流程及必要步骤。

· 进行妇孺皆知的模拟演练，这是最好的训练方式。

分组对抗：通过角色沉浸强化执行准备

说实话，这是训练中我最喜欢的环节。这不仅仅是角色扮演，"分组对抗"就好像是布置一个婚礼的卧室，而不是会议室。"分组对抗"需要角色沉浸，而不是像传统的角色扮演那样去测试员工。角色扮演就是教授一套东西，然后通过角色扮演来证明员工已经学会了。忘了这一套吧。"分组对抗"不在于测试，而在于准备，以确保你的团队在"走进现实"之前就学会运用他们在训练中获得的技能。

这就是为什么很多运动员，无论是年少的运动员还是职业运动员，都会告诉你他们最喜欢"分组对抗"：因为这使他们有机会在零压力下打球。他们会认真对待"分组对抗"，但是以一种轻松的方式在赛前测试自己的极限。做得好的地方，他们会予以加强。需要改进的地方，他们会予以重视。那些前所未有的高风险挑战，他们会放手一搏！

准备给一个严苛的客户做介绍？不要轻举妄动，也不要毫无准备地去做，而是要讲授技巧，讨论方法，邀请最严苛的人来评价。还有一件事也可以进行"分组对抗"。有多少次在你结束了同客户、合伙人、老板或是员工的会议之后，你会懊悔先前处理中的不足之处？或者惋惜你当时没有先见之明？假如你像我一样，不爱自欺欺人，那么上述情况在自己身上发生的次数很可能多得数不清。

深度沟通：向下属展示你的学习力

把"分组对抗"看成伟大教练的沟通方式。

假如你是中层领导，你正准备和一个雇员进行一次艰难的谈话。假如你我在真正的谈话前先进行"分组对抗"，你认为你会做得更好吗？我们针对不同的场景、预测的问题进行"分组对抗"，提前找出解决方案，为即将出现的情况做好准备，尽量避免盲目行动。最终，通过"分组对抗"你将会成为一名更自信、更放松、更高效的领导。

假设你领导着一队内部销售或者客户服务人员。假如每天早晨你都走到员工中去，花15分钟和每个人模拟他们昨天处理过的情况，这样当今天再次发生类似情况时，他们会处理得更好，这样将会发生什么呢？你可以在任何一个部门进行"分组对抗"——工程部、IT部门、财务部、市场部，因为每个人都会通过训练和"分组对抗"得到改进，而不是盲目行动。

以下是我的预测：一旦你接受了"分组对抗"的过程，你就会对所有的事进行。假如我要分别和四位领导谈话，我很有可能模拟四个谈话。从本质上来说，不是因为我们在练习，而是因为我们在处理领导需要处理的情况，而理解这一处境最好的方法就是"分组对抗"。

对于那些不愿意进行"分组对抗"的中层领导，他们所担心的是，他们的员工会在"分组对抗"中发现领导不如自己想象的那么优秀，是这样吗？

别担心，他们的手下早就觉得老板不怎么样了，这也没什么。优秀的教练用不着在带领团队时真的上场去做一个明星四分卫。

记住：一名中层领导首先要做到谦逊。表现出谦逊，在"分组对抗"的同时让你的团队知道你也能学习能改进，不是更好吗？

"分组对抗"不仅可以在中层领导和一线员工之间开展。实际上，很多我做过的最好的"分组对抗"是在副总裁和其他高层人员间开展的，用来帮助他们的中层领导更好地处理员工问题。只要你是一名中层领导，你就要尽你所能成为最好的训导者，用最高的标准锻造团队。

第七章　更高标准：低期望值只会带来平庸和失败

林恩是一家大型科技公司的区域总裁。她是一个很强的领导，已经被提升了好几次。在我写这本书的时候，林恩和我正在讨论一个关于训导的研讨会的内容，这是我为她的团队所做的，主题关于领导和员工的预期。

她说："南森，让我告诉你一件可怕的事情，我们的员工几乎达不到面试时讨论的预期工作标准。"

这是什么意思？

"面试时我们告诉申请人要达到或者超过的预期工作标准和实际上现有员工的预期工作标准完全是两回事。那些我们正在雇用的，在公司待了最久的员工，我们反而对他们的预期最低，这个情况真让人感到可怕。在某些情况下，我们对他们的要求比达不到面试标准而被淘汰的人还低。"

"哦，你为什么让这种可怕的情形发生呢？"

林恩说："很简单，作为领导，一旦我们真的用面试时的工作预期来要求员工，他们就可能会辞职，这意味着缺少人手，我们就要花时间去招聘和培训新人。因此降低要求相对来说比较简单易行，也比较节省时间。"

伟大的训导者知道降低期望值是导致平庸和失败的原因。然而还是有很多公司这样做。这是为什么呢？因为我们一直在管理员工，而不是训导员工。大多数时候，我对员工没什么要求。

训练和分组对抗能解决部分问题，但是要解决林恩提出的问题，还需要通过训导来提升我们对员工的期待。实际上这就意味着花费更多的时间来培养训练我们的团队。作为上层领导，我们应当在训导的同时，期望我们的下级去训导和培养他们的下级。**管理的重点是纠正事后的人及其行为。训导是有意识地培养人们的能力并塑造他们的行为，使他们事先做好准备。**

你说什么？你想去训导员工但是你没时间？突然有事打乱计划？我们将在本书的后半部分更深入地探讨时间管理，但现在我们要意识到，训导下级是一件重要而紧急的事。训导下级只能通过一种方式获得成功，那就是：使它成为中层领导优先考虑的核心事务。

"一对一"会谈：面对面更容易产生亲近感

经理和直接下属之间的每周例会通常采用"一对一"的形式，这样做有三个主要目的：回顾一周行动；为下周的工作做准备；处理任何与责任相关的问题以及对该员工进行个别指导。

通过这样的会议，领导可以给出反馈以及获得洞见，以帮助手下获得成功，还可以就某些特定的话题和情况进行"分组对抗"。关键是：这是一个计划内的例会。我认识太多的领导他们说没必要进行"一对一"会议，因为他们的直接下属每天都会和他们碰面交谈。但是这样的谈话一般是随机的，只是为了解决当时发生的紧急事件。有多少这样的谈话是关于准备工作、"分组对抗"或是个人发展呢？

通过"一对一"的方式进行训导的好处是对任何事都可以从容应对。唯一重要的是让你和你的手下变得更优秀、更成功。这样的会议能够建立长期学习，为紧急事件的发生做好充分的准备。最重要的是，优秀的员工喜欢"一对一"会议中的亲近感。这样的会议不仅会使他们知道你对他们的关心，还会让他们感觉自己也是一个领导者。

基层日：经常在下级面前露面

我的表兄劳伦斯·希普利是我认识的最为谦逊慷慨的人。看样子，你根本不会猜到他是美国最大的甜甜圈特许经销商之一，他经营得非常成功，在美国东南部拥有超过 250 家希普利甜甜圈销售点。

从前，在他的牧场，劳伦斯和我谈论过生意的问题。他告诉我在处理工厂事务时出现了一些问题。我问他，上一次亲自到工厂来巡视是什么时候。他承认有一段时间没来了。因此我告诉劳伦斯，我让我的领导们经常进行巡视，如果做不到每天巡视，起码也得经常去。巡视就是：每天早晨，端着一杯咖啡，在你的工厂各处走走，跟每个人打个招呼，交谈片刻。员工越是经常看见你，他们越是会觉得自己正从事着一件比工作更崇高的事情。你要确保那些为你工作的人觉得你是个不错的家伙。

劳伦斯立刻开始这样做，不仅解决了问题，还提高了产量，提振了士气，他也因此变得更成功。

这个故事之所以伟大，不仅在于劳伦斯非常谦逊，他不介意我对他直抒胸臆，而且在于他已经取得了难以置信的成功，但还是听取建议，做出改变。其实劳伦斯并没有什么非做不可。他完全可以坐在他的办公室里，指派别人去解决这个问题，但是恰恰因为他是一个感恩、谦逊、坚信目标并信任员工的人，他认为他需要更多地亲力亲为，与员工打成一片。

像劳伦斯那样去做：走出你的办公室，从基层开始训导。

· 如果你有外部销售员或是外部销售经理，跟他们一起去外面拜访客户。

· 如果你有工厂，带上安全护目镜，去基层的车间看看。

· 如果你的手下开车上班，让他们捎你一程。

· 如果你的团队每天在办公室工作，敲开他们的门。

· 也要求你的上级这样做，经常来看看你的工作。

这是为数不多的我认为领导们应该去做的事情。领导不仅是应该这样做，而且必须被要求这么做。我说"要求"是因为很多人在训导上级领导时会遇到麻烦。他们觉得上级一定知道该做什么，根本不需要训导。然而，我前面所说的内容适用于任何人：没有人不需要训导。人人都会从训练和"分组对抗"中受益。人人都会因正确的关注点而受益。

你应当怎么获得上级的训导？诚心诚意地告诉你的老板，你打算训导你的员工，但是你需要成为最棒的中层领导来为上级服务，这就需要他同样对你进行训导。

如果你的老板名副其实，他听到你这么说会很高兴，欢迎你大胆而谦逊的建议，并鼓励你拥有继续成长进步的愿望。假如你没有上级或者老板不愿意这么做，那你就需要为自己设计一套自我训导计划，所幸这种计划并不难制定。你只要参考你给你的团队制定的训导计划就行，只是把自己变为其中的被训导者。然后，要求安排每周的"一对一"会议，在进行其他的议程要点之外，进行训练和"分组对抗"。假如什么都不行，你的老板确实不愿参与，那就另寻一位导师来替代老板的位置。总之，没有任何事能成为你不这么做的理由。

记住：伟大的训导者自己也会接受训导。敞开心扉迎接各种可能!

第八章　训导下级的 17 条建议

　　好的领导并不一定能成为好的教练，而好的教练必然是一个好领导。这句话确有道理，带领团队训练所涉及的事务比处理职员的事宜更为复杂，而游刃有余地领导职员又比仅仅做好自己的事情困难许多。只有那些能够将自己无私地奉献给团队的领导才能训导下级。想要成为这样的领袖，需要花费大量的时间和努力，要能够接受纪律的管束并善于处理争端，而最重要的是作为一名中层领导你要理解团队服从的重要性，这样团队才有干劲，成员们才愿意事事以工作为先。

　　第一步，完成下列练习，这部分练习和本书第一部分最后的练习差不多。思考一下我的原则："把训导下级作为优先事项！"然后花点时间去消化这个原则，把它变成你自己的想法。现在写下你要根据这个原则所采取的行动。下面是一个清单样本，你可以照着这个来。

- "一对一"会议。

- 基层日。

- "分组对抗"。

- 建立"文化法则",确保拥有一支成功的团队(信任团队并期待他们同样获得别人的信任)。

- 设定预期,确保所有团队成员尽职尽责。

第二步,当你列出清单之后,写下你的每个行为的预期结果。这是个关键,因为许多中层领导知道该怎么做,但就是不做。首要原因就是这样做或是牺牲所取得的预期结果并不值当。因此,一定要清楚你的预期结果,这将会成为你坚持原则和纪律的动力,否则一旦通过训导服务下级的新鲜感和乐趣消失殆尽,你就会放弃这些原则和纪律。当这样的情况出现时,记住下面的措施和训导下级的收获。

措施

- 把训导当成第一优先事项;你不能将其随意安插进日程表。

它应该是所有中层领导的核心事务。

· 认真完成训导活动——一对一会议，日常巡视，"分组对抗"训练——对其加以重视。不要因紧急而次要的事打乱你的计划。

· 制定文化法则以确保拥有一支成功的团队。信任团队并期待他们同样获得别人的信任。

· 设定预期，确保所有团队成员尽职尽责。

· 允许员工展示个性，但是对于"消极态度、流言八卦或托词借口"零容忍。

· 写下你希望通过以上措施达成的目标；明确你希望获得的成果。

成就

· 员工具有动力。

· 积极的工作氛围。

· 雇用优质的新人。

· 公司达到最佳业绩。

· 个人职业生涯的进一步提升。

· 通过不断致力于训导而实现承诺。

执行至上

用超强行动力应对变革

我们唯一能够确定的事就是所有的事情都不确定。在上一代人的经验里，市场的变化、技术的革新和竞争者的涌现都是一个漫长的过程。再看看今天，数月之内就完成了这些改变。所有中层领导们都熟知改变——适应改变否则就消亡，不断学习，时刻关注市场消费者——所有的这些理论都很正确。然而，如果你领导的机构及其文化没有用正确的心态应对改变，则无法取得成功。

即使是在充满了不确定性的时代，服务上级、训导下级的理念也能为我们在工作场合的行为设定基调：强化信念、巩固纽带。

第九章　不确定性：用确定执行力对抗变化的环境

改变管理。在变局之中领导团队。主动变革 [你自己填空]。

无论你怎样描述，这不重要。自商业产生的那一天起，如何应对变局就是一个永恒的商业主题，这个主题还将继续延续。因为万事万物处于变化之中，并且变化的速度越来越快。在上一个时代，甚至是一年之前，翻新的速度都远远比不上今日。

我不仅仅是在说技术的革新。发生在工作场所和市场的变化更加复杂，从价值到价格，再到生产地方和生产方式，顾客对每件事都提出更多的要求。来自世界任何地方的竞争都会以迅雷不及掩耳之势向你的产品和服务发出挑战。在任何给定的 12 个月之内，大多数机构都会经历多次变化，改变其重点或是方向。无论身处何种行业，无论公司规模大小，无论身处何地，面向何种顾客，每一年都有一些因素必然会改变你的经商方式。

有的改变是巨变，如发生并购或领导层的变动。有些变化是主动对产品和服务进行更新，例如，技术公司从销售产品和硬件转向销售云储存等服务。还有些变化可能是出于市场竞争和应对积极抢占市场份额的竞争者所采取的反应性变化，例如，一家通信公司开始整合服务并重新调整从销售、工程甚至现场运营的内容。另一些变化则很普通，好像团队或部门领导方式的改变。

无论从事什么行业，应对改变的压力都与日俱增，改变是唯一的不变。这个道理毋庸置疑。那么我们未来所面对的不确定性有什么新变化呢？不确定性一直存在，只是今天的不确定性变得无处不在。那么改变的趋势呢？这股力量自古就有，只是变得越来越强劲。无论你面对的是何种改变，都要根据当前所面临的形势及时调整决策的心态，通过自上而下的管控弱化不确定性的影响，同时要让中层领导们拥有迅速决策的施展空间。不仅仅是能够跟上改变的节奏，而是要能够引领这个节奏。

作为一名中层领导，你不仅要学会在充满不确定性的时代中生存，而且要学会在其中引领趋势并发展壮大。只有这样，我们自己，我们的团队、上级以及机构本身才能在这充满不确定性的时代中繁荣兴盛。

这就要求中层领导能够以独有的方式创造出一定程度的确定性以及速度。

快进：直接从"怎么办"开始

即便专门写了一本书，针对市场销售部、工程部或者是我极富经验的保险和移动通信行业，我都不可能在这些书里理解以及涵盖中层领导们所面临的所有变化。不过，幸运的是，在服务上级和训导下级时，变化的细节并不重要。

实际上，中层领导应当忘记那些具体的变化到底是"什么"。面临变化时，经验又有什么用处呢？我们现在的商业形态难道还和几十年前一样吗？为什么会有人想着把前人的办法转化为经验，用来处理今天的变局呢？

如果我的孩子看到我做手机生意时使用的初代手机，他们一定会笑疯了，觉得那简直就是小孩的玩具。然而，那可是当时最新潮的手机。一定会这样的，因为在我写书时，我给他们看了一部我过去用过的手机，他们就乐了，说我是个老年人。对此我有一周没理他们。好吧，其实只有一天。后来一个孩子问了我一个问题："为什么以前的手机是那样的？"这个问题打破了我们之间的僵局，我又开始同他们说话了。

我喜欢孩子们问我事情为什么会是那样，在某种程度上，这种问题说明他们对这些既好奇又感兴趣……然而，你知道在你回答完这第一个"为什么"的问题——爸爸，为什么以前的手机是那样的？——之后，经常会发生什么情况吗？因为那时的手机就是这样。为什么呢？因为那时只能用电脑上网。为什么呢？这样的解释会无穷无尽。我真不想去思考这种问题。

我意识到这就是问题所在。不仅"是什么"无关紧要，源源不断的"为什么"也毫无意义。

我不是说提问不好，但是问这么多"为什么"的意义何在呢？通常来说发出这种问题并不是为了求知，也不能指出你用来说服他人的逻辑漏洞，这只不过是在问出一个又一个别人其实毫不关心的问题罢了。花时间来解释"为什么"没有任何帮助，只会带来一个又一个的为什么，没完没了。不管你回答什么，孩子们都会继续追问下去，你的员工也是这样。因为问"为什么"没有用处，我们不要再关注"为什么"，开始想想"怎么办"的问题。

即刻执行：不要在指示的合理性上空耗时间

我并不是不欣赏那些有质量的"为什么"问题背后的好奇心，也不是不赞同找到你自己身上的"为什么"。西蒙·辛克的 TED 演讲和他的书帮助了数以万计的人找到了他们自己身上的"为什么"（即目的），以及这些目的背后更深层的动机。我喜欢他的理念：明确目标，确保你不为坏人或不好的公司工作，他们会摧毁或无视员工的目标。然而，假如在日常工作中，我们把时间都花在寻找我们的"为什么"以及不停地提出"为什么"上，我们就永远也没空去考虑"怎么办"了。

试想："为什么我们要改变？"对于这个问题，任何中层领导只要简单地回答"因为不这么做，我们就会被淘汰"就足够了。

在面临改变时我们提出过一个重要的问题："我们该如何掌控变局？"这个问题的答案与经验没有太大的关系，真正重要的是在改变发生前——早在你得知这个具体的变化是什么之前，所有应对这一变化所需的技能和思路就已经就位。在应对改变的过程中，团队成员必须接受领导，只能提出关于理解指示的问题，而绝对不能质疑指示的合理性。这个理念必须深入团队文化和工作信条。

试想，如果你告诉每一个团队成员："要么听从指令，要么请你回家！"无须质疑指令，只管执行，立刻执行！这会让整个"应对改变"这件事顺利很多，难道不是吗？无须花精力去说服每一个团队成员，告诉他们必须改变以及改变的益处。仔细想想这样做是不是更好。完全没有必要去关注"为什么要改变"这个问题，因为讨论这个问题实无必要。决策应当果断，所有的人应该关注"如何实现目标"这个问题。只有这样才能确保机构更快更好的运行，使得变化成为你们的制胜法宝。

好了，讲到这里还剩一个问题，上面说的是军队的行事风格，用在商业世界恐怕行不通。在商业世界里这种绝对服从只能是一种幻想。这样对待我们的职员，他们会感觉到不受重视，能力被低估，会纷纷离职或者混混日子，一边领薪水一边找机会跳槽。当商业变革来临时，你可能会立刻投入这场斗争，你甚至可能会去读《孙子兵法》（或者像我一样从电影《华尔街》里获得一知半解的信息，就自欺欺人地认为，算是了解了）。不过，你的下属并不是一支部队，也没人当真准备在公司间相互竞争的斗争中牺牲。

不过，这里面有一个道理：假如领导和机构不花那么多时间去告诉团队成员"为什么局势正在改变"，消除对改变的畏难情绪，直接接受变化的发生，这样的话问题就少多了。尤其是当最好的计划出了问题，你需要拟定一个新的计划来应对变化时。

对此，中层领导可以采取折中的方法来解决这一矛盾——在"我们需要团队成员信任领导的方向"和"领导需要重视团队成员的想法、见解和贡献"之间寻求平衡。

备战：让团队始终保持在高度亢奋的状态

一旦具备了服务上级、训导下级的理念，你就会清楚你对于上级和下级各自负有什么样的责任。你会明白你和其他人的工作不是去询问"公司为什么进行变革"。相反，你受到激励去关注"怎么办"的问题，并采取措施，成为一个"寻求方法"的人：如何成功地推行变革。

作为一名中层领导，你的工作是为老板争光。你必须相信你的领导和机构在做出变革的决定时比你更明白关于"是什么"和"为什么"的问题。当你预计变化会来临或真正面临变化时，你必须关注于"怎么办"：如何做才能比其他人做得更好更高效，以便为上级以及整个机构服务。

作为一名中层领导，你的工作是训导你的手下，正因为你的训导，他们明白自己的价值。员工不必考虑"是什么"和"为什么"的问题。他们只需要做好一切准备，面对问题并去解决公司所面临的问题，实施预先的计划，不让任何人、任何事阻挡他们的脚步。

如果这一切听起来好像神奇的童话，那就要明白总体而言这是理念问题。维持现状的定义就是抵制改变。那些惯于质疑，而不是受到训导去赢得胜利的团队，抱有根深蒂固的保守理念，同时具有错误的观念。这其实是因为这些团队的中层领导本身也抱有错误的观点。最终，他们不能接受也不能理解他们的职位所具备的权力和地位。

因而，在变化的不确定性出现之前，就已经有了一种不确定的氛围。具有服务上级 / 训导下级理念的那些领导和机构在变革的文化中蓬勃发展。不确定性只是一个团队必须克服的外部变量。在组织内部，只有确定性能够赋予其自上而下的强大能力，无论形势如何变化都能以百分之百的投入去迅速反应并接受所有变化。中层领导通过服务上级和训导下级来掌控这股力量。

听起来还是不真实？让我们想一想，这种理念能让你在工作（领导层的变化）和市场（服务的集中化）中获得什么？这些场景应该都是中层领导和机构非常熟悉的。

第十章 上司空降："受害者思维"永远只能带来失败

我接到一位首席执行官的电话，他是我的一位咨询客户，他告诉我他雇用了一名新的副总裁来管理他的一线经理团队。这时我已经和这位咨询客户就此问题商讨了一年。听到这个消息，我一点也不吃惊。我知道他这段时间一直在寻找合适的候选人。我与这位咨询客户的大部分工作都是与即将离职的副总裁一起完成的，每个月都会与这些一线经理进行辅导电话，辅导他们如何训导下级员工。我知道他正在交接工作。

首席执行官认为新的副总裁是带领团队的合适人选，但有点担心他没有任何行业经验。由于这个原因，在上一次交接时，大家都无法信服他。他觉得会遭到经理们的抵制，也不会得到他们尊重。

他还担心其中的一些经理也应征过这个副总裁的职位，却没有得到提升，他这个新来的领导会受到他们的嫉恨。他希望，在正式上任后，团队里面不会出现被掣肘、分裂和停滞的情况。他知道我熟悉这支团队，与他们关系融洽，希望得到我的建议，帮助他成功地代替即将离职的副总裁。

我告诉他，我并不这样担心。虽然我不能保证会有一个毫无怨言、毫无争议（任何人都没有）的无缝过渡，但是我觉得交接工作不会是一个大问题。我向他解释，经理们被训导得很好，一直很好地服务于现任副总裁。到目前为止，我们主要指导一线经理训导团队。然而，如果我们把培训拓展到一线经理本人身上，训导他们应对变化，使他们真正明白他们的责任，那么这些经理在新的副总裁的领导下会像以前一样蓬勃发展。

然而，了解如何服务上级和实际做到是两回事。尽管我们谈了许多关于服务上级的理念，并且采取了很多措施去落实这个原则，但这次的人事变动将是他们第一次验证服务上级的理念。为了让首席执行官放心，我请现任副总裁同经理们开了一个会，议题就是服务上级，讨论经理们如何为现任副总裁服务，信任领导而不去质疑到底意味着什么。我们邀请了首席执行官来旁听，听听我们试图灌输给团队的思想以及团队成员们的意见。如果他们具有正确的理念，那么经理们应当已有足够的信心应对这个变化，适应它，并且给予新任领导与前任同等的尊重。他们会像之前一样为新的老板服务，不会质疑他的经验以及任命的原因。首席执行官会在员工们的回答中听到这一切。

无保留接受：新上级可以解决老问题

我首先在会议上发言，我提醒一线经理，他们是多么喜欢他们的首席执行官，是多么信任他。我记得他们中有许多人告诉过我，他是一个很善良的人、很优秀的领导，他无论如何也不会做任何有损团队的事情。现在，这位首席执行官决定从外面引进一名副总裁来领导他们。因为就这一决定，他们必须相信这是最后的选择，并为此全力以赴，不仅要继续专注工作、取得进步，还要振奋精神。

要做到这一点，他们必须停止任何怀疑，必须认为新的副总裁会很快地学习行业和业务知识，并利用他的技能跟进市场变化，管理团队。

我警示说：不要把注意力集中在过去的事情上。用新的角度看到利益。旧的方式已经持续了很久，现在我们必须适应新的方法。成为你的新上司信得过的员工，这样你的新上司就会胜任他的领导角色，担负起他的责任。新上司来这里就是要成为强大坚定的领导。要么你就整天怨天尤人，你损害新上司的成功就是损害公司的成功；要么适应变化，努力工作，你的新上司会帮助你获得成功。现在我们做的这一切也是你们即将离职的上司到新职位上要做的事情。

最后，我提到了一件事情，我知道有几位应征过副总裁职位的经理，没有得到这个职位会本能地感到难过。我的建议是化悲愤为动力，学习新上司身上的长处。

要相信他具备一些你尚欠缺的东西，懂得更多的知识。不要生气，而要让自己成长，并且请他帮助你成长。也许不久你就会发现他的优势在哪里。至少，当你这样做的时候，你显示了对他的尊敬，并允许他对你进行训导。假如你憎恨他，唯一会受苦并终将失败的人是你自己。

让我们欢欣鼓舞地畅想未来，聚焦于我们该如何变得更好，赢得胜利，不要去考虑是否做出决策，那不是你需要考虑的问题。伟大的领导和他的团队专注于如何在变局中获得成功，而不像其他人那样总担心着会发生什么样的事情以及发生的原因。

接下来发生了什么？从此之后他们中的大部分人过得很好。新总裁上任一年后，公司取得了有史以来的最好业绩，次年又取得更大的突破。大家是否都同意我的话呢？并不全是，所有人都同意是不可能的。你不需要所有人都赞同，总是希望获得赞同是不切实际的。不过，那些服务上级的高级经理，都取得了巨大的成功，其中的一位获得了晋升。只有一位经理不愿好好地服务上级，他离职了，最近听说他在抱怨新公司的老板总是把他晾在一边，他又一次开始扮演受害者。

　　简而言之，只要具备了服务上级的理念和对中层领导的信任，团队必定会有条不紊地运行下去。经理们将他们的信任给予新的上司，因为他们相信老板和公司做出的决策。这使得新上司得以施展才能，并且能够虚心学习行业知识，同时心无旁骛地率领团队，不必担心他们阳奉阴违。一年以后，新团队的年度表现突飞猛进——比以往任何时候都好。最重要的是，因为上级再也不必花时间去说服经理，告诉他们新的副总裁能够带领他们走向成功，他们不用战战兢兢，因此他们能够高效地保持奋发的势头。这样，在新的副总裁上任后，销售数据不但从未下降，在最初的 60 天内已经开始增长。

充分信任：相信新上级是最好的选择

简单地说，作为中层领导，公司的一线经理大多拥有服务上级、训导下级的权力，不因公司内部变动而改变。然而，许多中层领导并没有行使这一权力。即使是那些工作十分出色的中层领导也没有在服务上级、训导下级时行使他们应得的权力，尤其是在出现变化的时候。相反，他们充满担忧。在变革开始时，他们丢掉了对自己和团队的信念。当中层领导不去落实服务上级、训导下级的理念时，他们会制造出一种犹豫、怀疑和恐惧的文化氛围，这样的文化氛围会在变局中使整个队伍变得混乱。他们会说："新上司应该学习他们的文化，并适应这种文化，特别是他对我们的公司和行业一无所知时。"他们忘记了一个事实，那就是在许多情况下，公司引入新领导的目的就是修正或改良公司文化。这些中层领导误以为抵制新领导会保住他原有的权力。

当中层领导具备服务上级、训导下级的理念时，他们就创造了一种基于这种理念的文化，他们的团队也就随时做好了应对变化的准备。团队成员不会担心不确定性，也不会质疑新的上司，团队成员都会坚定地这样做，直到领导获得成功。不过，实际上，这通常不是自下而上的。

领导对下级提出要求，从而使团队保持活力。他们做好应对变化的准备，期待更大更好的事情发生。他们会说："我们得到了我所期望的。"这些中层领导知道保持权力就是积极响应决策，接受各种可能性，并相信改变会带来他们所需的一切。

当一名伟大的教练或经理人离开一支他们带领过的成功球队时，运动员们总是抱有这样的心态。如果教练和组织真正地训练球队获得成功，并为他们所效力的组织服务的话，当教练离去，新人上任时，球队就不会分崩离析。球员们期待学习新的观点和方法，这些是他们以前没有尝试过的，也可能是尝试而没有成功的。他们感激新任的教练带来不同的视角和领导素质，他们为这一切感到激动。他们对新教练充满热情，希望保持他们的上升势头，最大限度地提高他们的成绩，将比赛提升到一个更高的水平。只有那些没完没了地质疑改变，或是固守前任领导看法的人，才会困住自己，他们要么离开，要么被卖到其他的球队。

让我们借鉴一下 20 世纪最成功的美国橄榄球联盟新英格兰爱国者队。团队中的任何人都是可替换的，而且可以被长期替换，因为竞争对手绝不会束手就擒。如果战术改变或者明星球员受伤，球队依然需要继续前进——即使你在超级碗比赛中得了 28 分，你也不是不可替换的。新英格兰爱国者队明白：过于看重一个球员或一个战术的话，竞争对手就会识破你的弱点并获胜。

最后，当管理层发生变动时，在变化发生之前需要在服务上级和训导下级时考虑两个关键点：

1. 领导者：雇用新上司并希望确保下属拥戴他的人。

2. 追随者：员工有了新上司并面对工作场所发生的变化。

领导者——训导下级

中层领导不必弱化他们的管理方法，但也不必不讲情面、狂妄自大。带着清晰的信息和方向，毫无畏惧地接近团队。

例如，可以这样说：

团队的所有成员们，我想告诉你们，你们的新经理明天会加入我们。我认为他是最适合团队的人选，并能帮助我们取得更大的成就。假如你是一名新加入我们公司的领导，你希望获得什么样的尊重，就请给予他同等的尊重。请记住，我们的工作是为上级和公司服务。你可以向他提出帮助你理解决策方向的问题，但不可以质疑决策方向。记住，每个人都是不同的，很多时候，确定人选的原因恰恰就是这些观点和行为上的差异。差异和挑战是我们成长的方式！无论是作为一个团队，还是接受新领导决策方向的能力，我都对你们充满信心。我感谢每一个人，永远不要放弃追逐更大的梦想。

追随者——服务上级

发生的改变不一定会变成消极的情况。相反，这可能是一种挑战团队让他们变得更好更强的方式。虽然有点棘手，尤其是也有员工竞聘这份管理工作的时候。

无法服务上级、训导下级会助长错误的心态：我无法相信他们雇用了这个人。他对我们的行业一无所知。我打赌他撑不过三个月。我来告诉你：他最好不要对我们进行微观管理，也不要开始一系列改革。我们知道什么有用，什么没用，所以他需要融入我们，学习我们做事的方法。假如他指示我做这做那，我就让他的日子也不好过，或者就干脆顺了他的意，我就不干了。本应该是我得到这份工作，他得到这份工作的唯一理由就是 [请用各种理由填空]。

成功地服务上级、训导下级有助形成正确的心态：我想得到这份工作，但现在时机未到。我知道这是我们前进的方向。因此我需要做得更好，并从中学习经验。我的目标应该是尽我所能从新领导身上学到东西，将心比心地对他，请求他使我变得更好。我想了解团队的方向和目标，这样我就能成为领导，我的团队也将清楚自己大有可为。

我明白只要假以时日，我就会成为新的经理负责新的团队，我希望现在就能够塑造出将来在新团队中所要用到的行为模式。

记住：任何有能力和有自信的人都不会被忽略。只有那些自怨自艾的人会被淘汰。自信的领导懂得对方是更适合这份工作的人，而下一次，他们必会做得更好，使自己成为唯一的选择，他们通过努力使自己值得被选择。

读到这篇文章的很多人可能会想："是的，南森，那真是太好了，但不现实。"我的建议是改变你的现实，停止创造自我满足的预言。"现实"是你所创造出来的东西。确保正确理念、消除错误理念的方法就是在问题出现之前训导团队成员具备正确的心态，不要听之任之。大多数领导都假设团队成员只能接受一种方式。假如你真的做到了训导下级，那么他们确实只相信一种方式——你的方式。假如你阐述、教导并实践服务上级、训导下级的理念，发生问题的时候，你就不必再去游说，你只需要为自己

和团队立起一面镜子，以检查你们的理念和行为，并且相信一切都会成功的。

第十一章　企业转型：朝向未来才能巩固中层领导力

　　如果你是一家公司的中层领导，或者是一家成长型公司团队中的一员，你很有可能经历过从本地化服务到集中化服务的转型。虽然大部分领导者和机构都很熟悉这一转型，但中层领导和他们的上级往往要耗费数月甚至数年去说服底层员工和客户，让他们相信这种转型是件好事。领导者召开了上百次会议去听取问题并做出解释。

　　如果不花费大量时间让人们与时俱进，并对未来充满信心的话，就很难适应市场、技术和顾客需求的变化，当然也就很难在充满不确定性的时代领导团队继续前进。我不敢说自己从未在服务（或产品）方面做出过错误的决策，也不敢说没有出现过发展方向把握不清的问题（正如尤吉·贝拉所说："如果你不清楚自己的方向，你就会在其他地方倒下"）。我想说的是：态度和过于自我是最大的阻碍。

中层领导及以下是否理解"为什么","为什么"背后的"为什么",以及"是什么"都是无关紧要的。在大多数情况下，高层领导具有其他人所没有的洞见。这些领导者需要对正在发生的事情保持信息透明，但他们不需要分享他们所知道的所有信息。尽管服务型领导会告诉下属一些事，但总有些事是人们无需知道，无法理解，或会导致分心的。你的手下必须明确方向：

· 必须为他们提供必要的工具和资源以进行协作，以实施变革并得以发展。

· 他们必须被允许提问，这样变革最终会达到机构的预期，他们得到的答案必须是诚实的、完整的。

· 该领域的员工应有反馈的空间，这样高层领导在实施变革时才能随时了解市场的情况。

领导应在变革期间做好超时训导的准备。

不过，不需要对员工进行深入解释，也不需要召开太多会议，否则这些会议会变得好像是塞恩菲尔德"吐槽大会"的企业版。然而，当中层领导和企业机构未能服务上级、训导下级时，就会发生这种情况——员工们会不停地问"是什么"和"为什么"，而不会去考虑"怎么办"。

最后，大多数会议不过是让员工感觉他们似乎被倾听了，被重视了，感觉企业机构似乎关注了他们的团队、顾客和同行。然而，如果你真的做到了服务上级和训导下级，这一切早已就位，并且工作场所的确定性会降低市场的不确定性。正确的理念是：中层领导与我们一样具有同情心和关怀，而他们比我们更了解正在发生的事情。这样员工会愿意倾听、追随和理解。他们不需要被说服去相信那些看不清全貌的事物。他们并不是在强权下屈服，而是出于对谦逊而不自大的中层领导的信服和接纳。

集中化（或者说所有的市场）会改变企业机构的运营核心吗？没人知道，也没人关心！墨守成规是行不通的，从来都不行。即使不是集中化，明天还会有一些其他的东西需要你做出改变。服务上级、训导下级的好处在于我们乐于接受变革和不确定性，因为我们专注于进取和解决"怎么办"的问题。假如失败了，那不是因为领导者没有去训导团队取得成功，也不是因为下级没有服务上级，为上级的决策拼尽全力。

让我们回到服务集中化的情形中来，以此为例来说明我的观点。集中化的特定问题是重要的实际问题——关于具备本地知识的必要性和缺失本地知识的问题（"我们这儿处理事情的办法不一样"以及"持续地接触社区是我们的特色服务"）。然而，中层领导必须关注这些问题的变化，使这些变化向着良性的方向发展，而不是去抱怨这些改变。肯定不确定性，对上级的肯定意味着更迅捷的行动力，快速地解决问题，而不必争论或说服原因。大家一起冲击终点的启动时间越早，获胜的可能性就越大。

当涉及决定服务或产品的集中化或任何市场变化时，请记住服务上级、训导下级的理念以及两种不同的角度：领导者和追随者。中层领导既是领导者又是追随者。

追随者——服务上级

无法训导下级、服务上级会助长错误的心态：我不明白。我搞不清公司的领导干嘛要这样做，我觉得没必要，不明白，也不相信这个做法。因此，我是对的，他们是错的。如果不是这样，你要证明给我看。你要向我证明这样做是有道理的，就像我前面说的，我觉得根本没必要。这样做的理由是什么？我过去是相信这里的人和这个公司的。现在呢？现在我得知道更多的情况，所以我得坚持我的立场，过问所有的事情。

以前我也说过类似的话。我们以前都说过这样的话。"不明白重点"的人并不是坏人，他们只是有错误的理念。我们本能的反应是质疑，但是我们必须超越这一感受，并且继续信任我们过去信任的人，相信他们知道我们前进的方向，并终将带领我们到达那里。

　　成功地训导下级、服务上级有助形成正确的心态：往最好的方面想。迈克尔·乔丹在作为可口可乐代言人时，被问起相较于老配方是否更喜欢新口味可乐（饮料史上最失败的品牌之一），他是怎样回答的呢？ "可乐就是可乐，它们都很好喝。"我们就要像他那样。即使如果我认为这个变革是一个错误的决定，或者在短期内出现了负面影响，我们也应该假设从长远和更大的方面来看变革是有益的，过去的失败代表不了什么。我要带着这样的理念去面对我的同僚、老板、公司和那些付钱让我们继续前进的客户。我要带着这样的理念去为他们服务，充满信念，全力以赴！我将收起我的个人评判，并确保我理解前进的方向。

专注未来：在执行而非对抗中理解

　　我曾亲眼看到收起个人评判后会产生怎样强大的意志力量，那时我刚刚接任了一个职位，成了一个在艰难市场中挣扎的销售团队的总监。我们面临着一系列艰难的抉择，从工资到人员配备。我在那干了几个月，当团队中的一个经理休完产假回来时，我已经很好地完成了重组。这位经理在休假前几周获得了晋升，现在她回来要做一份新工作，只需向一位新老板汇报工作——那就是我。关于我的谣言传得很厉害。"这家伙要解雇所有人""他延长了所有人的工作时间""他有很荒谬的期望，要让所有人尽职尽责"。

在那位经理回来的第二天，我们安排了一个会议，会议从最普通的介绍开始。我询问了一些关于她和新生儿的问题，寒暄之后，我们切入正题。我告诉她，新的团队由8名全职员工和100名临时销售人员组成，她所要负责的是市场中赢利最差且成本最为昂贵的团队之一。变革需要立刻进行，就像她在离开我的办公室后一小时内所做的那样。这些变革包括派遣她的8名全职员工到现场去培训销售代表，辞退那些无法达到最低标准的销售代表以及把他们的小时工资减半，让他们去争取佣金。这样，那些销售最好的人会挣最多的钱。

这些事情任何人处理起来都不容易，但是这位中层经理看着我的眼睛，离开前微笑着说了四个字："保证完成。"在48小时内，她见过了所有团队成员，推出新的组织结构、总体战略和销售计划。在三个月之内，她那个曾经每月亏损数万美元的部门就开始赢利，同时最差的销售代表离开，最好的销售代表越来越成功。在 12 个月之内，她的团队成了全美国顶尖的团队之一。

这一切都是因为这位中层领导担负起了她的职责，服务了上级，也训导了团队。她没有因为那些变化或受到未知事物的恐吓而裹步不前，没有让这些阻碍她的进步。相反，她把这一切作为一种力量，来挑战自我，推动自己前进。她把这种力量转化为对公司以及雇用我的高层领导的信任。她不去纠结我做出各种决策的原因；她专注地思考如何完成任务，如何使自己的团队进步以实现目标。

换而言之，这位中层领导并不留恋过去，她选择面对充满未知的未来，并且确信自己能做成这些事情，知道公司会在背后支持她。她不为过去描绘上一层浪漫的色彩，她展望未来。问问你自己：谁不是被变化（诸如集中化或市场的新趋势）驱使着狂奔？一位新的经理或是团队成员，因为他不知道过去有多"好"。也许因为他没有见识过更好的东西，也许因为他能够看到大局，把新的变化视为机遇，拥有正确的理念。我的经理在我们的会谈后就是这么做的。

因此问问你自己：

· 我对自己所任职的公司是怎么想的？

·这对我来说有益处吗？公平吗？在大多数情况下，是否做了正确的决定？

·我对自己应当服务的上级是怎么想的？

·他是否总是能做正确的事情，即使当初我并没有看出正确性？

·我是否信任他？

如果你对这些问题的答案是否定的，那么你所面临的问题比应对变化或在充满不确定性的形势下领导团队要严重多了；你遇到的是工作或是职业问题，你需要换一份新的工作。

如果你对这些问题的答案是肯定的，那么你需要相信，那些重大的变化恰似我们每天会遇到的细微的变化——你的公司和领导就这些变化所做出的决策对每一个人都有益。你的工作重心是在不断变化的形势中提供服务并带领团队。去做未来的老师，而不要做落后的学生。

领导者——训导下级

掌控变局。对于奋斗在中层的领导者而言，在充满变数的时期里，你的工作是成为老板和公司可以依靠的那个人，无论面临什么样的不确定性和障碍，你都能确保成功。你能决定前进的方向和途径！

在商业世界里，和在生活里一样，有时候我们要下达"逐客令"，有时候我们需要提供建议，而另一些时候我们只要回答："是的，女士。"关键是要能识别不同的处境并做出相应的反应。

成事：下属不需同情，而需方向

中层领导在充满变化的形势中进行领导时犯的最大的错误就是用同情来缓和变革的冲击。追随者不需要同情，他们需要的是有人自信坚定地指引方向。

作为一名领导，我宁愿自信地走错方向，也不愿犹豫不决。

调头重来吓不倒我，实际上，我期待这样。只有犹豫和畏惧的行为才会导致糟糕的决定，或导致行动缓慢以至失败。

作为一名中层领导，你必须训导你的团队，做到最好。不征询他们的意见不代表你不关心或不重视他们的意见或专长。征询意见只意味着他们的专长将在工作的进程当中得到施展和赏识。同样，关键是要在"怎么办"的问题上推进工作。假如你将团队训得很好，团队成员会信任你，追随你，并完成所有你分派给他们的任务（在法律许可范围之内）。假如有些人做不到这样，也许你不希望这样的人成为你的团队成员。

第十二章　铭记：只留下思考"怎么办"的人

为上级提供服务并不意味着你得做一个"好好先生"或者"好好夫人"，也不必做一个"马屁精"。你只不过是拿着报酬做一份工作，做你分内的事。你有下列几个选择：

· 在一切顺利的情况下，挣着钱并比别人做得更好。

· 在不顺利的情况下，考虑一下是不是适时地表达自己的意见。

· 如果你的信仰和目标与其他人不合，那就该考虑要不要离开。

然而，请记住，服务上级不是限制想象力、个性和自我赋权。要在充满变数的时期服务上级，中层领导必须具有创造性和适应性。

这样的时期里，你的执行能力通常是未知的或未经证实的。这些领导要无惧失败、犯错，也不要害怕对团队提出太多要求。

关键在于：在发生变化的时候或进行领导的任何时候，你的意图是什么？服务上级，还是奉承讨好上级？

中层领导必须在充满变数的时期保持信念、谦逊和承诺。

无论是在工作场所还是在市场中，无论变化是大是小，在这个动荡的时代的领导团队，可以用一句司空见惯的话"简单但不容易"来形容。你最好在脑海中祈祷：请老天爷赐予我平静，让我接受我无法改变的事情，让我有勇气去改变我所能改变的事情，让我有智慧去理解不同的事情。

你可以改变你的反应方式，你可以改变你的所作所为，来保证你终将抵达你想要去的地方。当然，你首先需要改变你的理念。

你面临着什么样的变化：技术上的？竞争对手方面的？还是经济环境？不要回答这个问题。注意到了吗？这些问题都是陷阱。直接越过"是什么"和"为什么"，我们只要关注"怎么办"。

在变局中获胜就像管理一群纳斯卡大赛的后勤维修人员。他们更换轮胎、加满汽油以及调校汽车的速度越快，这样你的汽车就能越快地返回赛道与对手追逐并获胜。

不要急于证明自己是对的，别人是错的，这样会导致思想的贫瘠和混乱。看看华盛顿的情况吧。什么也做不了，因为每个人唯一想做的就是证明对方的错误。这不会带来富足和改变，也不

符合服务上级、训导下级的文化 —— 强调行动、学习和执行的
文化。这只会导致停滞、保守和阻碍进步。

第四部分

4

塑造愿景

只有相信才能更加坚定

这是一个大家都熟悉的故事：公司希望在业务中加入一些新元素，例如，一些新技术、新软件、新的管理工具或报告工具。这就要求领导者和他们的团队参加相关的课程和研讨来学习需要掌握的东西……然而他们没有做到这一点。他们可能尝试过，甚至也愿意这么做。然而，六个月、六周、六天之后，全都忘光了。在学习这些知识时都发生了什么？它陷入了"知识的鸿沟"：该做的事和正在做的事之间存在差距。

　　为什么会这样，可以归结为三件事：缺乏意志，缺乏技能，缺乏创造高强度环境以及维持高强度环境所需的指导。具有服务上级、训导下级理念的中层领导能够解决这其中的问题以弥合知识的鸿沟。

第十三章　致命问题:为什么很多政策最后不了了之了?

我之前曾服务过一名客户,当时他刚加入一家新公司。我们进行谈话时,他和其他的高层领导刚准备去参加一个新的数据库管理系统培训,公司认为这个新的数据库管理系统将会让一切变得不同。听起来是一个不错的工具,我知道他很渴望期待着学习这套系统。然而,我很清楚接下来会发生什么。

"前几个月你告诉我,自己要去参加培训,现在怎么样了?"

"是的,南森,还不错!"

"你们学的东西用上了吗?"

"是的,立刻就用上了。这套系统很快就让我们的业务变得跟以前不一样了!"

"那你们现在还用着吗?"

"不用了。"

当我在台上讲这个故事时,每个人听了都笑了。他们都说这个故事听起来就像是他们自己公司的事。实际上，我的咨询客户最常抱怨的问题就是，他们无法使用和维持他们所学到的知识："这种事总是做完了就算。""我们进行了培训，从此以后就再也没听说过了。""培训只是一种遵从命令的行为，当领导再也不关心它的时候，每个人都会把它忘了。"

当我成为一家"财富100强"公司的总监时，总裁推出了一个新的员工排名系统，那时我就经历了这种情况。我不知道该怎么办，因此去询问了一个资深同行的意见。他咧嘴望着我笑："孩子，别担心。几周之后，这个想法就会像我们将要实施的所有其他的伟大想法一样消失无踪。"他说得对，六个月之后，新的员工排名系统就再也没有被提及过。

那么我们该怎样确保推行的系统或流程在数月甚至数周内不会消失呢？答案是弥合知识的鸿沟，并让你所学的东西成为可持续发展的部分或原则，以支持你的事业发展。这说起来容易，做起来难。如今，大多数商界人士都知道如何做才能取得成功，但是实际上他们却没有做到。坏消息是：每个人都有这个问题。好消息是：中层领导可以通过服务上级和训导下级解决这个问题。不过，他必须清楚导致知识鸿沟的根源，即其他人身上的原因，在试图弥合鸿沟之前必须弄清根源。这就要从一个问题开始：

知识鸿沟的存在是因为缺乏意愿还是因为缺乏技能，又或两者兼有？

简而言之，如果中层领导和他的手下缺乏意愿和技能来弥合知识的鸿沟，他们就会一次次地陷入其中。然而，一旦具备了服务上级、训导下级的理念，他们就能担负起职责去了解问题所在，并专注于解决问题：作为一名中层领导，你一定要弄清楚什么是缺乏意愿，缺乏意愿就是当人们明知自己应该做些什么，并且有能力去做的时候，却选择不去执行。虽然这只是一种选择，并不一定是一种挑衅行为。缺乏意愿可能是因为感觉无利可图（这种感受来自上级领导的行为传达），而不愿努力付诸行动。

作为一名中层领导，你还要弄清楚什么是缺乏技能，缺乏技能就是当人们依据知识行动——也就是说，他们有意愿——却失败了，因为经验不足、缺乏实践，或者就是因为入错了行而无法胜任。

不过，在中层领导判定他们的员工属于哪个范畴（或两者兼具）之前，他们必须首先找出自己落入了哪个范畴。自我检讨有自我贬低的意思，但对于一名领导的成长来说却是非常宝贵的。在员工身上寻找瑕疵总是容易的，但是像一个成年人那样问问你自己：我是否具有我要求别人具有的意愿？是否根据他们的技能发展需求对他们进行训导？是否让全体担负起了变革的责任？大多数领导者会发现对于这些问题的回答是否定的，他们没有意识到自己可能就是问题的根源。

请记住：任何变化都是如此，持续变革需要花费时间进行训导并不断改善。如果缺乏愿意，那么即使开始变革，它就早已注定会失败。

第十四章 缺乏意愿：人们总是知道而做不到

有多少次你参加主题演讲时，记下了三页笔记和灵感，然而两天之后，就算有卫星定位系统你也找不到你的笔记（和灵感）。如果你像大多数领导者一样，那么你可能会告诉我这种现象"经常发生"。这就是为什么当我做主题演讲时，上半场我会围绕着理念来讲，以信念开头。我可以向听众传授最重要的商业技巧，也可以揭示成功的秘诀。他们会用正确的态度对待我说的每一句话，觉得主题演讲的内容很棒。他们也会依据工作习惯显得很守纪律。然而，如果他们不相信我要求他们去做的事情，他们就不会真正地去贯彻，更不用说去维持了。

如果你不相信你需要去做的事情，那就什么也不会发生。回想一下我们在第三部分介绍的内容，在充满不确定性的变局中领导团队。这些变革的成功始于中层领导服务上级的信念，他们相信自己的老板，相信变革是必要的、重要的和正确的。只有这样，这些领导者才能训导他们的团队和整个机构成功地执行这一变革。

同样的道理也适用于任何带来或大或小变化的新知识：信念等同于意愿，是弥合知识鸿沟的前线。我们相信才会坚信，我们的坚信使我们有意愿专注于知识以及执行。

这个道理适用于整本书，而不仅仅是这一部分。如果你正在读这本书，那么你很有可能需要额外的新知识，进而帮助你抱着服务上级、训导下级的理念完成中层领导者的使命。（或者有人告诉你，你需要这些知识，你应该听他们的，因为他们显然很明智。）当然，你必须有意愿去这么做，才能实现它。意愿是一切的基础。

意愿：激情总蕴含着无穷力量

意愿是一种欲望，使你战斗并获胜。意愿是燃料，让你的生命之火熊熊燃烧。意愿是目标，驱使你的思想和身体去行动。意愿是感同身受和能量，使得你愿意牺牲时间去成就伟业。意愿也是"我爱我的工作，无论是何种头衔，我知道我正在做一件伟大而重要的事情。"敲击着这些文字，我激动得无法安坐。

是的，我知道有人会觉得这些假设都是"废话"。你不需要意愿也能完成工作，但你只是做事而已。总是有人会为做不成事情找到借口。或者他们会说他们不是为了工作而活，他们为家庭而活。当我听见人们说："我的家庭才是我奋斗的目标，不是工作"，我会想："听起来不错，但这只不过是证明你缺乏工作意愿的理由。"

当然，我们的家庭应该是我们的首要任务。对我来说，没有什么比我的妻子和孩子更重要的了，其次是我的父母、兄弟和我的大家庭。不过，我们不必为了家庭而牺牲对工作的热情和做到极致的意愿。那些需要经常出差和晚上加班的工作并不意味着家庭会为此受苦。我知道爸爸妈妈每周都会出差，但是当他们在家时，他们会给予孩子和配偶全部的关注。即使他们长期在外工作，他们也总能找到时间与家人相处并创造出让孩子终身铭记的温馨回忆。另一方面，我知道每天晚上回家和孩子待在一起的父母，也并不是真正地与孩子相处，他们没有创造积极的回忆，也没有与他们所爱的人建立特殊的联系。

作为中层领导，我们不能让我们的员工将他们的意愿用于其他事情，比如他们的家庭——或他们所热爱的其他事情——将其作为没有工作意愿的借口。不幸的是，这不是中层领导能解决的问题。

我的一个经理叫迈克，让我们看看他的故事。迈克确实干活很有本事，但在我雇用他之后，他却做不出什么成绩。他有宏伟的计划和良好的意愿。然而，当我打电话去询问进展时，总是只听到一堆借口，责怪除了他自己以外的所有人。这让我意识到迈克不愿意采取必要措施来执行他的计划。

他有技能，但缺乏意愿。我坐到迈克身边，这样告诉他："你失败的原因不是你缺乏技能，而是因为你缺乏奋斗的意愿——你缺乏意愿。"我接着告诉迈克，我不能改变他的意愿，但是作为领导，我的工作是不让意愿成为一个问题。"我可以帮助你提高工作技能，但是工作意愿是你自己的选择，你必须清楚你的选择会带来不同的后果。是否相信自己所做的一切，是否愿意成为团队的一员，这取决于你，你骗不了别人。你必须相信。"

简而言之，迈克缺乏意愿这件事，不是我能解决的问题，但是作为中层领导，我可以对他提出要求。你要理解团队成员是否有意愿，这对于训导一支成功的团队是至关重要的，这个问题不是由员工而始，而是由你而始。

期许：构建一套能够取胜的体系

正如我之前所说，团队中的大多数人知道他们该做些什么来取得更大的成功。作为团队的领导，你也同样知道这一点。如果你做不到服务上级所要求的那些事，团队成员又怎么会做到呢？不只是态度和纪律能表现你的领导能力，意愿和信念也能表现出来！下属是否被允许继续从事缺乏意愿的工作，中层领导最终是唯一能够决定的人。然而，领导者如果自身缺乏意愿，或仅仅是"管理"团队，他就会容忍这种缺乏意愿的行为。仅靠管理，团队的知识鸿沟就会被加深。

无论你试图运用什么知识，无论你正在做什么来训导你的团队——设定期望值、"分组对抗"、一对一谈话、每日巡视——都没有用，除非你有意愿去设定标准，并有意愿继续执行下去。

周一给你的团队树立预期，并在周三之前希望他们继续向下分配这个预期，你却缺乏意愿在训导团队时继续跟进预期实现的进展，那这一切就没有任何益处。

你期望你的经理们在他们的团队里致力于"一对一"训导，并坚持这项纪律（或者你要求的其他纪律），但是如果你自己就缺乏服务上级、训导下级的意愿，缺乏遵守这些纪律的意愿，你怎么能指望他们做到呢？

在谈到作为中层领导去设定标准时，我想到了对孩子的教养。我不接受我的任何一个孩子说，"我没时间做家庭作业"或者"我没时间学习，所以考不到好成绩"。作为家长，对孩子的学习要有期许，无论如何都要完成家庭作业。我期许孩子们致力于学业，并要求他们取得成绩。我希望他们为自己的成功负责。然而，假如像我所期望的那样，我也想认真地坐下来给我女儿辅导功课，帮助她解答难题，预习考题，但是我却抽不出时间？如果我缺乏意愿去执行一个父亲应当达到的标准，那我会给女儿传达一种什么样的信息？如果她缺乏必须掌握的知识的意愿而陷入了知识的鸿沟，我不应该大惊小怪。

体育运动也是如此。职业运动员必须具备意愿每天多次训练、正确饮食、练习、学习球队知识体系并督促自己学得更多和更好，即使是超级明星也需要这样做来保住他们的工作。如果他们不干，教练就会叫他们走人。然而，如果教练没有设定标准——建立一套取胜的体系，灌输对这套体系的信念，并要求他们中的领袖以及所有球员致力于学习这套体系——那球队就会涣散。

教练自己缺乏意愿，也没有制定标准，就会导致球队缺乏意愿投入那些为获胜必须要做的事情。即使球队还能取胜，短期内文化也会变质，最后难免失败，除非换掉教练，球员重新找回进取的意愿，情况才能改善。

就像父母和教练一样，中层领导必须服务上级并训导下级，试图让团队成员展现出意愿去尽其所能：设定服务上级、训导下级的行为标准，让每个人（包括作为中层领导的你自己）每天、每周、每月都去按标准执行，并在学习一切所需的知识时同样应用这些标准。

如果你自己或团队中的任何人没有达到这些标准，问问你自己：是因为缺乏意愿吗？你和那个人不愿意做这项工作吗？还是你或他们不知道该怎么做这项工作呢？

如果答案是"是的，我缺乏意愿，"那么在继续下一章之前，重读这一部分，并思考一下你自己是否可能是导致这个问题的根源。在指责你的老板和员工之前，先要弄清你自己是否缺乏意愿。

如果答案是"是的，我们或他们缺乏意愿"，继续阅读以找出原因。当这样做时，你通常会发现自己或下属——特别是最优秀的下属——在日复一日的工作中失去了意愿。

如果答案是"是的，我们不知道该如何进行这项工作"，那么继续阅读本章的结尾部分，了解训导下级的理念是多么的重要。

新理由：失去意愿的两大原因

许多现在没有意愿的人，或者曾经有过，但他们不再努力求知，因为他们认为自己知道的够多了，或者做的够多了。中层领导必须查找这样的问题，弄清楚变成这样的原因，最重要的是让情况改变。人们失去意愿通常有以下两个原因：

1.他们觉得没有挑战。

2.他们觉得不受重视。

关于没有挑战，解决的办法往往和大多数中层领导所设想的不同。不是去找一份新工作，而是去找一个新理由，把现有的工作干得更好。找回热情，继续奋斗。如果他们找不到这个理由，那么唯一的解决办法就是换工作了。

关于不受重视，用新的激励或奖励措施来解决这个问题往往效果不大。这两者都不正确，这些措施本身并没有什么问题，但它们只涉及目标设定，而非重视。我们人类感受到真正被赏识和成功的首要前提是具有意义感，我们渴望在这个世界和我们的工作中感受到非同一般的意义。

正如我在以前的书中所提到的那样，赏识始于领导和机构的感激，这种感激并不像你想象的那样常见。我的意思是说，上一次对你的团队发自内心地说一句"谢谢"是什么时候？除了感激，感受自身的重要性还来自于受到重视、被欣赏和"自己的努力很有价值"这类感觉。

当我们不再到欣赏或所做的一切被别人视为理所应当时，我们就开始觉得不受重视并失去意愿去服务或训导——只是按部就班的做事，而不愿竭尽全力。作为中层领导，我们必须能够看到这一点，并准备好解决这个问题。

我们将在后面的章节详细地讨论这个问题，现在，请注意，那些知道自己该做什么事情却没有意愿去做的人并不一定是低劣的人。他们也许是因为回报和结果不值得他们为之牺牲，认为做这些事对他们自己来说没什么重要性，从而选择拖延。

回报：让一切艰苦工作变得值得

能让我们有意愿去完成自己该做的培训，其唯一的方法就是相信我们的工作是有"回报"的，人们把这种回报称为非凡的东西。西蒙·斯涅克称之为"为什么"，或动机。在《从为什么开始》中，他向人们展示了，在有了"为什么"这一动机后，人们是如何做出了更多的"是什么"。罗里·沃登在《登上阶梯》一书中将其比喻为，通过一座地面上的独木桥和跨越架在空中的独木桥之间的区别。在地面上，人人都能通过，没有问题，但是架在高空中，跌落的后果使人不敢通过。沃登指出，如果你是一个家长，而你必须走过那座独木桥去拯救你的孩子，这时你一定会毫不迟疑。

斯涅克和沃登用不同的方式指出了回报的绝对重要性，它使工作变得值得。同样，所谓的奖励措施并不是我们所说的回报。

那应该是一团驱使你的火焰，让一切艰苦工作变得值得。那是无论顺境逆境，它都赋予你意愿去坚持信念的东西。对一些人来说，这可能是金钱，但金钱只是短期的回报，它很难长期维持我们的意愿。

我和迈克谈话的结尾正好能说明这一点。我告诉他，假如他认为获得的回报抵不上付出，那么他应该去找一个能让他找到"意愿"的地方，而不是继续待在我的团队或我们公司。在我们谈话后不久，他决定离开。几年后我再次见到他，他真诚地感谢我所做的一切。"虽然当时我恨你，"他说，"但我发现了强烈的意愿，发现了一份让我充满动力的工作。"我认为迈克不会给我寄圣诞贺卡，但我很高兴能助他一臂之力。

服务上级／训导下级的理念：缺乏意愿

记住：缺乏意愿是一种选择，这个选择源于我们想要做什么来实现目标，按要求或高于要求完成工作。作为领导者，我们只能在员工有意愿学习和努力的基础上，在技能方面对他们进行训导。没有意愿就等于没有丰硕的结果。只有当每一个人都有成功的意愿时，中层领导才能决定是否存在导致知识鸿沟出现的技能缺失，是否能够通过训导和训练来解决这些问题。

糟糕的训导和服务上级能力的欠缺会助长错误的理念：我不相信，因此我不执行。我按部就班地走流程。

我认为不值得为这点回报牺牲，所以我找到不相信这些的理由，并且只用我们现有的知识去训导团队。

成功的训导和服务上级的能力会产生正确的理念：服务上级，

我的工作是把团队带得更好，帮助老板和机构达成目标。当碰到知识鸿沟时，我必须感激和重视机构和领导为获取知识进行的投入，有意愿采取措施来运用这些知识。我必须训导员工，使他们认识到这一点，并且要求他们做出抉择，发现运用知识或者找到出路的意愿。

第十五章　缺乏技能：创造高强度环境，
而不是高压力环境

不同于缺乏意愿，一位强有力的中层领导可以解决缺乏技能的问题。然而，尽管这个问题能够得到解决，美国公司里的领导方式已经根深蒂固，因此中层领导要弄清并真正解决这个问题并不容易。训导下级的理念之所以重要，在于人人都能够选择是否有意愿，而只有中层领导才能决定是否发展技能。如果你是在管理团队或者保护他们，你就无法通过培养团队和要求取得成果的方法来解决缺乏技能和存在知识鸿沟的问题。如果你想通过"我雇用专业人员，希望他们知道如何处理工作"的说法对工作成果作出要求的话，这听起来完全是一种逃避和不花时间训导团队、不对团队成员投入精力的借口。这就好像把一个不戴游泳圈的孩子扔到深水区，然后大喊："最好学会游泳！"

问题是：你是哪一种中层领导，你将会做些什么？

你能很快识别出谁遇到了麻烦，并要求他们着手攻克难题并取得成果，你是这样的领导吗？还是其他类型？要求下级有正确的想法，但其却是错误的理念。当中层领导只是一味地有高期望值并强调大家的责任心，而缺乏任何训导，他们实际就创造了一种高压力环境。

高压力环境：高期望值 + 高活跃程度 + 责任心

你是否是这样的中层领导呢？会贯彻服务上级、训导下级的理念来培养自己和团队所需的技能？中层领导者在训导下级时深知他们的主要工作是让他们的下级变得更好，并且明白培养这些技巧需要时间和知识。解决能力不足的力量存在于你是否想成为教练式的领导，并且能通过练习和分组对抗来教授和培养技能。当中层领导有高期望值且要求大家有责任心，然后教授或训导团队成员掌握实现这些期望的方法，那么他就创造出了一种高强度环境。

高强度环境：高期望值 + 训导 + 高活跃程度 + 责任感

比较创造高强度和高压力的环境，我们会发现，唯一的区别就是缺少一个要素：训导。不是管理，不是培训，而是通过训导来减少知识差距，并强化成功所需的技能。这是秘诀中最重要的组成。就像我最喜欢的饼干里的糖，没有训导，风味就会变糟糕，缺乏甜美的味道。

活力：成就感受是一步一步积累起来的

每一个机构都希望这种高强度的活力氛围——当人们让事情发生、享受乐趣、感觉良好和成功时，你能感受到这种士气高涨的能量。如果你认为这听起来不可能，那就看看你的办公室。尽管很少有机构充满这样的活力氛围，但总会有团队、部门或办公室拥有它。我称之为伟大的单元。在这些单元的中间是强有力的中层领导，他们在服务上级，训导下级。

高压力貌似感觉和高强度环境差不多，但前者空气中充满的是压力而不是热情。人们的快乐不是来自于庆祝时的跳跃，而是来自于逃避，迅速躲进小隔间以免碰到老板。士气和精力如同大家抱怨时的窃窃私语一样低迷。人们看起来好像做了很多事情，有时确实做了很多，但工作的成效很低，他们所做的仅仅是为了不被领导训斥。当然，他们并没有应用任何新的知识。他们坚持自己熟悉和方便的那一套，让其他一切都落了空。

那么我们如何创造高强度环境并且在其中加入训导？

试想这样的场景。保险代理团队的领导（其实这可以是任何行业的任何领导）要求每个员工在接下来的两周时间内给 40 个客户打电话，通知他们保费将在下个月上涨。

他们需要说服一半的客户，不仅继续留下来成为该代理机构的客户，还要同意亲自去办公室会谈。如果员工无法实现这一目标，那这家保险代理机构将失去超过 50% 的业务，并需要进行裁员或用能够实现这些目标的人替代现有员工。

对于从事任何业务的团队来说，这都是一个艰难的场景，形势可能十分紧张，但这不是一个高压力或高强度的环境……这还算不上。只有当领导者增添另一个步骤时——即训导员工如何达成目标——这种场景才会成为高强度环境或高压力环境。

如果领导者在解释完情况后就走开，在接下来的几周里所做的仅仅是在员工失败时对他们进行责罚，提醒他们面临的风险，那这就会变成高压力环境。这会使员工丧失行动的意愿。

如果领导者针对客户沟通进行"对抗"演练，帮助他的手下找到恰当的措辞，学会如何倾听客户的需求，并设身处地地为客户着想，那就会变成高强度环境。不会再有缺乏意愿的问题。

在接下来的几周内都会保持高强度环境，因此领导者必须继续花时间进行训导，使团队变得更好，逐次提升技能，这样员工就不再害怕较高的期待和高强度的运作。实际上，他们开始因此而发展成长。实际上这确实会令他们变得更好。

当人们受到推动，超越他们以往的日常视野，或是突破他们对自我能力的评估，并通过自己的行为感受到成功时，就会形成一种充满成就感和感激的情绪，活力开始形成。

这个关于技能的故事又是如何带入知识鸿沟中的呢？试想一下同样的场景，假设中层领导希望团队使用一个简单的社交业务软件来记录他们与客户的互动，并作为进一步训导和学习的论坛。领导者在宣布之后立即安排关于该软件的培训，并表示他本人今后将持续使用该软件提供反馈。在这样的高强度环境中，知识受到欢迎。人们认为在训导中学习到的知识是重要的，并运用这些知识来提高技能、服务上级。高压力环境中知识则会受到排斥，领导者仅仅要求团队成员自己学习，不久之后，这些知识就会陷入鸿沟。

当然，中层领导就"如何"完成预期行动或"如何"学习知识对员工进行训导并不能保证高强度环境一定出现。然而，不对员工进行训导则无疑会制造出高压力环境。作为领导者，我们都希望员工能够尽可能像我们一样为行业、公司和客户竭尽全力。要做到这一点，我们必须首先为员工和我们创造出的工作环境全力以赴。

当你明天走进办公室时，问问你自己和其他人的感受：工作
是活力四射还是压力巨大？

天赋：不是人人都能成为棒球手

请注意，高强度环境不能提高每个人的技能。中层领导不可
避免地会发现一些员工被放在了不适合的岗位，或是缺乏服务上
级的理念而无法运用知识或是采取恰当的行动。有一些在高强度
环境中工作的员工会表现出缺乏运用知识的意愿，只会按部就班。
这些人必须被安排到能使他们真正充满愿意的岗位。另一些员工
表现出了他们的意愿，但他们缺乏发展技能的能力或缺乏成长和
成功的正确要素。解决这些情况就是中层领导的工作。

有时候，这样的理念甚至会破坏知识，制造鸿沟。例如，我
合作的一家金融公司的副总裁运用了一种新型客户数据管理工
具，这个新工具和公司当前使用的工具完全不同。他的一位下属
说他准备运用这个新工具，但实际上他没有。正如这位副总裁后
来所发现的，这位下属利用一切机会抵制这个工具。这位下属告

诉他的团队，每当他们发现新工具给工作带来不便时都要给他发送一份简报。他承诺要列出一份清单，并把它递交给副总裁，让他用回原来的旧软件。换而言之，他花时间试图证明公司想要运用的新知识是错误的，应该把新知识推入鸿沟。然后，他把团队未能采用新软件的原因归咎于他自己制造的鸿沟。

不过，不要认为这完全是下属的错误。副总裁虽然已经告诉这位下属要应用这个软件，但他从未表露出要这样做的强烈意愿。当这位下属离开办公室后，副总裁也从未训导这位下属或他的团队。由于缺乏意愿和培养技能的强制要求，副总裁实际上也要为创造的知识鸿沟负责。

作为中层领导，我们必须记住，不是每个人都擅长所有的事情。不是每个人都能克服技能的不足，在他们所从事的领域或其他领域表现出色。迈克尔·乔丹或许是历史上最伟大的 NBA 球员，但当他第一次退役并试图进军棒球界时，他甚至超越不了一些未成年选手。他有足够的天赋和特质来满足他在 NBA 的职业技能需求，但不管他怎么努力，这些都不能转化在棒球场上。以我自己为例，你可以试着教我做一名会计，但是不管你如何教导，我最后很可能以失败告终。会计表格中的列、行和数字让我提不起一点儿兴趣。我在人生舞台上找到了我的天赋，就是和人们一起工作，让他们成为更好的领导者。我有激情，有一套技能，有能力去做这些事情。我积累这方面的知识，不断培养技能，最后获得成功的信心。

服务上级／训导下级的理念：缺乏技能

高强度环境通常被称为"洋溢着活力的办公室"。当你对员工进行训导，培训他们达成预期所需的技能和纪律，充分发挥团队的潜能时，任何能够帮助团队实现这一目标的知识都会受到欢迎，大家都会认真学习。因为你的团队希望服务上级，你可以对下级做出要求，要求他们全力以赴，你长期投入的训导此刻就可以收获成效。

糟糕的训导和服务上级能力的欠缺会助长错误的理念：通过要求高强度运作、给出高标准预期、要求问责，但不训导团队发展成功所需的技能，进而制造高压力环境。相反，我装模作样，勾选方框，或者责怪任何人或任何事，有时候这种责怪甚至是恶意的，以此破坏知识并造成鸿沟。

成功的训导和服务上级的能力会产生正确的理念：为了服务上级，我的工作是让团队进步，帮助我的上司和企业实现目标。我必须负责营造高强度环境，训导我的团队运用技能从公司对新知识的投入中获得回报。我不找任何借口，不因存在知识鸿沟去怪罪时间安排、市场变化、人员配置或知识本身。

第十六章　匹配：通过高强度环境创造可持续的高业绩

当我在一个机构内引入训导和领导力课程时，我会被问及投资的回报："我们将如何衡量投资回报率？你会做什么样的测试以便我们评估你的课程是否成功？"这家机构正在寻求的是大多数培训公司所提供的证明培训有效性的依据。透明测试员工以展示培训结果，这些测试会展示有多少人记得他们学到的东西，也就是说他们正在做哪些需要做的事情，并说明哪些工作技能还需要提升。

毫不客气地说，我想用一个词来描述这些测试。我们就说它们都是"废物"吧。当一家公司问我做什么样的测试时，我说，"没有。"帮助公司弥合知识鸿沟，更好地领导和训导，这一切在一张纸上是找不到的。这些只能在现实生活中寻找！

如果我们在一月份实施某项举措，却见不到任何反馈，然而却发现大家的行为方式和去年六月份参加培训前一样，那这个培训就失败了。

拥有意愿和技能，并营造出了高强度环境，我们又该如何借此创造可持续的伟业呢？把知识变为一种风纪。

习惯：改变自身行为的"三件事"法

请记住：人类是遵循习惯的生物。我们更喜欢安于现状，而不是打破现状。当改变能让事情变得更为方便时，我们欢迎它，就像消费者喜欢优步和亚马逊一样，但当改变让我们不适时，我们就厌恶它。根据我的经验，一个机构中只有大约1%的真正实干者能够立即运用新知识并持续下去。其他人，包括曾经的我，都不属于这一类型的员工或领导。这是否意味着大多数人都是失败者，应该被解雇？有些人确实可以这样办，但大多数人不该受到这样的对待。他们只是做得不够，没有达到他们的能力或意愿极限，因为他们还没学会服务上级和训导下级，无法克服缺乏决心或缺乏技能的问题，未能营造高强度环境并维持知识学习。

中层领导可以通过服务上级和训导下级来采取任何措施弥合

知识鸿沟。然而，如果行为没有改变，几个月后他们就会止步不前。企业接受培训后，培训人员都会用各项测试来衡量员工所掌握的知识是否增加了。然而，没有一种笔试能够测量执行力，也不能显示人们到底做了什么来弥合知识鸿沟。

你认为自己是个例外，认为自己属于 1% 的那部分人？问问自己下列问题：你是否认为自己应该做得更好，或者应该更为严格，但却从未付诸行动？你是否尝试过改变你的行为，最终却停了下来，然后为这种停顿做出合理化的辩解，寻找借口，或是把责任推卸给其他的人或事？如果你的答案是否定的，恭喜你！如果你的答案模棱两可，那么则应该在继续之前进行以下训练：

· 今天写下三件你认为作为中层领导应该做而你没有认真去做的事情。

· 列出清单后，把它交给你的老板、导师或者你信任的人，让他们负责督促你，并要求他们这样做：在接下来的 90 天里让他们严格监督你完成这三件事情。

· 如果这样做有效果，再加上三件事，反复进行，直到你再也找不出三件事。

· 如果这样做没有效果，重读本书的这个部分，问问自己是否真的有意愿从事手头的工作，是否真的有意愿通过服务上级和训导下级成为一名更好的中层领导。

失配：没人喜欢一边努力，一边体验失败

知识鸿沟是一个真正的问题，随之而来的结果，无论好坏，都是中层领导的决策和行动带来的。下一次当你面临商业或生活中的鸿沟时，问问你自己：这是因为缺乏意愿还是缺乏技能造成的？缺乏意愿是一种选择，容忍意愿的缺乏绝不是正确的选择。缺乏技能则需要"球员"和"教练"共同努力，才能更好地完成他们的工作。

有的人拥有能力和技能，但是缺乏意愿和纪律。要么强制他们具备所有素质，要么要求他们辞职。没有人喜欢一边努力工作，一边体验失败，让员工保持这种自我毁灭的状态是一件残酷的事情。无私的做法是让员工的意愿与技能相匹配，帮助他们找到能够获得个人成就的其他领域。

只有当某人决定放弃执行，且获得领导同意时，知识鸿沟才会出现。要想在任何事情上取得巨大成功，你必须坚信自己所做的事情，并认为其回报足以弥补自己所做出的牺牲，只有这样成

功才会到来。

投资的回报不在于员工记住了多少，而在于他们在未来的几周、几个月以及一年中能够持续贯彻多少。这就是你服务上级的理念。公司花了很多钱来做主题演讲或进行培训以获得这些知识，每个人都认为这很重要。作为中层领导，你的工作是确保团队中的每个人都继续保持信念并改变行为，使知识成为高强度环境中可持续发展的部分。

第五部分

5

时间管理

抓好重要的事，紧急的事就少了

我每年都会收到不少演讲和研讨会的邀请，让我谈谈时间管理。我相信如果对方有时间，我会接到更多的邀请。几代人以来，无数专家通过媒体讨论如何管理时间，这很有趣但却是事实。这是怎么回事？事实是我们不需要一个新的系统来管理时间。我们需要的是一个不同的理念。因为时间管理不是一个技能问题，而是一个决心问题。

　　简单地说，太多中层领导没有选择明智地去利用他们的时间。这里的关键词是"选择"。为了有效地服务和训导，中层领导必须选择优先处理最重要的服务和训导任务。当他们能够确定并致力于他们的首要任务，即能够区分必须要做的和紧急的事情时，他们最终会花更少的时间解决更多的问题。不管怎样，我知道你时间紧张，所以我们开始吧。为了加快进度，我把这部分缩短成了三章。

第十七章　主次顺序：永远把重要的事情放在前列

　　如果我是你的老板，向你提出了一个为期四年的计划。在计划里，我希望你参加 5040 次会谈，每次约 45 分钟。除去你必须完成的工作外，数量相当于每年 1260 次，每月 105 次，或者每天 7 次。你会怎么做？你会不会说"当然，南森，听起来完全合理，一点也不疯狂"，然后离开，不问任何问题？或者你会不会用难以置信眼神盯着我，低声说"你疯了"，然后回到自己的办公桌，想着把你的简历寄到哪个新单位去？

　　你很可能会像后者那样去做。因为当我问大家的时候，大多数人的回答是后者。然而，如果你真那样做了，那么下次你听到青少年抱怨他们在高中所要必须做的事情时——你知道，那些我们称之为被宠坏的，不懂感恩，懒惰的年轻人——你最好三思后再回复。我前面提到的会谈的数目，正好是我们要求普通高中生在四年内完成的课时数。

我们却希望他们在 180 天内（平均一学年的时间）或 36 周内完成一年的任务。

来做道数学题：一个学校一天的平均课时数是 7 节：7 节课 ×180 天 ×4 年 =5040 节课。

一天工作 6 小时，45 分钟吃午饭！一年你有 52 周的时间，每天至少加班 2 小时来完成会谈和所有其他的工作（假设你从早晨 9 点工作到下午 5 点）。好吧，如果你要休长假，那算工作 50 周，你一年仍然有额外的 14 周和每周 10 小时的空闲时间。（编者注：这里作者默认每天工作 8 小时，每周工作 5 天。周末休息 2 天，50 周相当于 100 天，大约等于 14 周时间；会面或其他工作每小时占用 45 分钟，剩余 15 分钟，一天 8 小时，相当于一天剩余 2 小时，一周剩余 10 小时）仍然认为这不可能完成？好吧，解决的办法不是搬回父母家，而是改变你的理念，知道如何安排时间，并且为中层领导所必须要做的事情确定优先顺序。

我们无法让孩子自由选择上不上高中或去做他们想做的事情。我们也一样，必须为训导和服务的工作确定优先顺序，以便更好地管理我们的时间。

分类：什么是紧急的，什么是重要的

当你听到有人说"我想聪明地工作，而不是努力地工作"时，你会有何感想？我儿子的高中朋友总是这么说。当然，他们的意思其实是说，他们想少工作，多拿工资，不情愿在每天花费更多的时间去完成各种事情。我不是刻意贬低千禧一代。依我的经验，这句话已经成为想要偷懒的人的终极说辞。

聪明地工作是要能够从每周 40 小时的工作中获得相当于 60 小时的成果，而不是在 40 小时"工作"的时间内尽量少做事，只求勉强保住自己的工作。

聪明地工作可以归结为一点：有主次顺序并且能够做出明智的选择。大多数领导人都知道这一点，但即使最聪明的人也没能真正做到。我的孩子们都是哈利·波特迷，当我说这些的时候，我总是想起赫敏·格兰杰（聪明的女巫）。在第一部系列电影中，她对哈利和罗恩·韦斯莱喊道："但愿你们为自己感到得意。我们都差点被咬死——或者更糟，被学校开除。"罗恩回答说："她需要理清事情的主次顺序。"所有人其实都一样的。

简单地说，缺乏（或不清楚）优先顺序是导致领导者时间管理出现问题的首要原因。然而，说实在的，中层领导很容易对主次顺序产生疑惑。试想下面的事情你会先做哪个：为老板服务，完成他刚刚要求的报告？与需要我们关注的顾客或交易即将破裂的客户打交道？得到人力资源部门急需的员工的评价？把所有的事情都推掉，主持每周和最佳员工的一对一见面？还是在任务清单上数不清的紧急和重要事情中任选一件？中层领导的任务清单中总是充满了紧急和重要的事情。这就是为什么史蒂芬·科维和其他数百位专家试图帮助我们理清"紧急"和"重要"的含义的原因。那么，为什么我们还是失败了呢？原因在于我们不仅要理解重要与紧急的区别，还要知道作为中层领导该如何来领导别人以及分清主次顺序。

你没有完成的重要任务会导致更严重的长期问题，并且会削弱你的团队或你自己快速有效处理这些问题的能力。

重要的事：有些事情会引发严重的后果

如果你从来没有讨论过这个问题或者需要复习定义，那么我来说明下"重要"和"紧急"任务之间的区别。请注意，尽管有些任务可能是既紧急又重要，必须立即处理，但 99% 以上的任务属于下面这些类别：

· 重要的任务是需要我们完成的具有前瞻性的活动，这些活动事关业务、员工和我们自己的发展。它们几乎都能带来积极的结果，并且让我们的工作做得更好。

· 紧急任务通常是我们或我们的团队所面临的问题或请求，因此是被动的。并非所有的紧急任务都是消极的，有些是很好的眼前机遇，但即便这样，如果它们阻碍了真正重要的事情的完成，也会成为消极的。

虽然没有完成重要任务的后果要比紧急任务的严重得多，但由于下列这些后果的特性，中层领导还是愿意优先处理紧急任务：

· 不去完成重要任务的后果往往具有破坏性，但其很少会在短期内出现危害。有时在几周、几个月甚至几年内都不会察觉到这种破坏。由于这些工作需要数周才能看到效果，因此中层领导往往会拖延它们。

· 从长远看，不完成紧急任务的破坏性往往不如不完成重要任务的大，但前者的危害更为明显和直接。人们更喜欢安逸而不是危害，所以中层领导往往会事无巨细地把注意力集中在那些紧急的任务上。

我们面对不同的后果所做出的选择正好解释了为什么时间管理是一个意志问题，而不是一个技能问题。这与"如何处理任务和后果""如何去做"无关，更主要的是选择确定重要的和紧急的事情的优先顺序。中层领导常常急于求成。毕竟，他们都很匆忙，对吧？

无数的中层领导告诉我，他们无法完成所有的训导活动——面对面的会议，巡视，"分组对抗"——因为总是忙于处理某个问题。问题就在这里：解决一个问题，应付一种局面，或者选择完成一个紧急任务而不是去关注一个重要任务，这些都会损害中层领导，即便事情得到了处理。

恶性循环：不做重要的事，紧急的事会越来越多

可以从"对外服务"的角度来思考我所表达的意思，我想大家都能同意这样的任务是非常重要的：维持顾客联系。当然，每个人都喜欢用电话向顾客报告好消息。谁想拖延让大家都高兴的消息呢？一旦我们确定要分享好消息，分享就会成为我们任务清

单中最紧急和最重要的事情。反过来也是如此：虽然我们大多数人都不喜欢用电话向顾客报告坏消息，但我们知道自己必须要这样做。除非存在直接和严重的后果，否则我们可能会在联系客户之前先尝试解决问题，或者至少给出一个正在处理的解决方案，但我们不能隐瞒这个消息。这项任务是紧急和重要的，我们必须完成它。

然而，如果没有消息可以分享呢？先不考虑你是否认为"没有消息就是好消息"这句话正确，就算它是一条真理，那么也只有在你告诉顾客没有消息后，它才是好消息。如果你将没有消息作为不打电话给客户的借口，那其实是懒惰的行为。"南森，我没有什么新的事情要分享，所以没必要打电话，对吧？"错了。想想当你在等待一些对你来说很重要的事情的消息时，你自己的感觉：房屋贷款、孩子们想要的圣诞节演出门票、一个可能无法及时到达的快递。得不到任何消息的时间越长，你的想法就越消极。即使你充分信任做这项工作的人，但是拥有信念并保持积极的态度也会变得越来越困难。

人们讨厌不被通知。顾客不介意你是否缺乏消息或信息，但他们厌恶不知情。

不知道会让他们觉得自己不重要，如果事实上他们很重要，那情况就更糟糕了。这就是为什么我总是在我的中层领导中强推"枕头规则"的原因：除非你和你的团队已经拨打和回复了所有重要的电话，包括那些"没有消息"的电话："嘿，只是想给你一个预告，我们仍朝着目标努力，但还没有新消息。如果您有任何问题，请给我打个电话，我们仍在努力。"否则你的脑袋永远不要靠在枕头上。

我们都同意这样的电话并不紧急，只是很重要，所以通常不会产生直接后果。问题是，不完成这项任务，你可能会造成直接的紧急问题和任务：

· 得罪那些需要更多关注和花费更多时间的顾客，从而影响到其他的任务。

· 一些偏执的客户认为不通知他们是错误的，他们希望得到有关所有事情的更多的更新和细节，甚至威胁要转向竞争对手，除非"问题"（实际上不存在，但现在却真实存在于他们的头脑中）得到解决。

· 惹恼那些你没有打过交道的老板们，因为他们整个周末都接到客户重复的投诉电话。

因为行动体现了我们的优先顺序，忽视了我提出的"枕头规则"，不回电话给客户，随着时间的推移，他们会认为自己不受重视。一直忽视这一点，即使是最宽容的顾客也会开始抱怨糟糕的客户服务——不良名声在如今的社交媒体时代传播得很快。

这才是一个真正的问题，不可能通过几个电话来解决，也可能永远解决不了。这都是因为中层领导认识不到不完成重要任务的后果，也不理解所有行为结果背后的基本规律：拖延的时间越长，后果影响就越大。

辩解：只要不想干，总能找到借口

"枕头规则"真正避免的是对不花时间在服务上级和训导下级的活动上进行辩解。让我们面对现实，我们都在寻找不这样做的理由。因为重要的"服务上级、训导下级"任务涉及研究、练习和学习等事情，不仅缺乏直接的结果，而且很少或没有直接的满足感。因此大家很容易说："为什么要这么做？"

解决哪怕最小的紧急问题都能让我们产生直接满足感。有谁不喜欢我们把完成的事情从任务清单上划掉时那种成就感呢？更好的是，我可以用这些紧急任务作为不去做那些不那么有趣、更困难的重要事情的借口。用过去一周发生的事情把清单空白填上，你完全明白我的意思："伙计，我本来要完成一件非常重要的任务，但是今天（填上空白的事情）发生了，我必须马上着手处理。"

所有这些借口都是将短期回馈置于长期收益之上。这就是中层领导被卷入"紧急循环"的方式，即我们似乎总是想着"灭火"来保住我们的工作，而不是首先做一些重要的事情来防止这些火势蔓延开来。（译者注：这里"灭火"指处理紧急和棘手的问题。）

我说"似乎"是因为你缺乏洞察力，火情总是看上去更糟。回想一下你一年多前"灭火"的情况，问自己以下问题：我是否仍在灭同样的火，并处理导致火情的同样问题？我们能更好地处理它们吗？如果这两个问题的答案都不是肯定，那么你应该是过于关注紧急的任务了。你也可能有士气问题，而且在服务上级和训导下级的时候肯定存在着时间管理的问题。

服务上级／训导下级的理念：明确你的优先顺序

你有没有寻找过借口来逃避你对老板、团队和组织应尽的义务？如"我找不到时间来训导，因为有其他优先任务要完成。"然后你需要做出选择，使它们比你的任务清单中所有紧急（但不重要）的任务更重要。错误的理念总是为不该变得更好进行辩解。而正确的理念应该是充分利用你的时间来优先处理服务上级和训导下级的任务，使其更好地完成。

无法训导下级、服务上级会助长错误的心态：我本来打算进行所有的训导活动，但是我太忙了，其他一切都占用我的时间，人们无时无刻不需要我。因此忘了刚才说的重要的事，让我们先完成这项工作。如果没有其他紧急事情要处理时，我们将回到"一对一"对谈以及"分组对抗"等事情中来。

成功地训导下级、服务上级有助形成正确的心态：我知道如果我要服务老板并达到他对我的期望，我就需要训导我的员工并把这项工作作为我的首要任务。训导活动的重要性必须与紧急事情相同或更强。

这将带我们进入下一章：一项你可以教给自己和下属的时间管理的技能。只要你有完成它的强烈意愿，它就是必做清单。

第十八章　清单：突破训导关键障碍的三个步骤

对于一个中层领导者来说，任务清单是训导工作中最大的障碍之一。我并不否认任务清单的重要性，但上面大多是紧急的事情而不是重要的事情。任务拖延得越久，就会越紧迫。必做清单则不同，上面列出的是重要的任务，通常没有立竿见影的效果（因此它们很少是紧急的），但如果不去完成它，却会造成深远的影响。所以必须优先完成。

必做清单上会有什么？几乎所有的训导活动（"分组对抗"、每周"一对一"会谈、为员工设定发展愿景、让员工有担当）以及你自己个人和职业发展的任务（告诉你的家人你爱他们；爱读书；上课）。清单上也应该包括为其他部门以及客户提供服务的活动（如那些例行电话）。

那如何服务老板呢？有决心去完成必做清单，对你自己和你的下属提出更高要求，而不是总是以没有足够的时间为借口来包庇他们，这是服务上级的最好证明！在完成任务清单的过程停滞不前是因为我们纠结于所谓"证明要素"上，即总是试图证明不这样做的理由。

不要试图向你的老板证明你和你的下属没有时间去做重要的事情，而是应该去完成你必须做的。

对于中层领导来说，创建必做清单的第一步不是清单本身，而是建立日程表，这做起来比听起来要困难得多。整个过程需要三件事，与弥补知识鸿沟相同的三件事：

1. 理念：强化你的理念，即你能支配好时间并能完成工作。

2. 准则：写下你最重要的事情，并将它们添加到你的日程表中，将日程表布置给下级，同时将它汇报给你所服务的上级。

3. 执行：不接受你自己或你的团队的任何借口，专注于你认为重要的事情，克服为了完成紧急事情而忽视重要事情的毛病。

你会发现作为一个中层领导，执行必做清单在一开始会有更多的工作。然而，几个月后，结果会远超前期的付出。你会发现，自己做的日常工作与长期目标一致。你的时间管理问题不再是一个时间问题，而是一个控制恶化的紧急事件的主次和准则问题。同时你会发现紧急问题变少了，因为你向下级的训导更好地估计和解决了这些问题，以消除或减轻了它们对未来的影响。

对中层领导来说,创建必做清单的第二步是创建优先级列表。现在花点时间把你作为一个中层领导所需处理事项的主次顺序写下来。

以下是一个示例清单,来源于我根据自己与不同行业的数千名领导打交道后所积累的经验。只要你觉得重要,可以随意根据你的行业特点添加特定任务。不过,请注意,添加的任务越多,聚焦重点和主次排序就会越困难。

训导下级和培养员工

- 每周团队例行实践会议。
- 一周三天现场巡视。
- 和直接下属召开"一对一"职业规划面谈。
- 调查我们员工的期望。
- 让员工富有担当。

服务上级

• 向老板提供仪表板报告以确保他 100% 获取最新信息。

• 向老板汇报最新情况和进展。

• 每周"一对一"会谈以确保正确的路线。

• 即便是例行电话，也要将公司的更新通知顾客。

塑造业务、团队和自身

• 深入了解下属，并与高层管理人员分享。

• 招聘新人才（每周两小时在现场）。

• 协助处理顾客和部门的问题。

• 跨部门服务，并与其他部门和团队会面（每周两小时）。

• 个人发展：每天读书（或听播客、读一篇文章、看视频等）。

一旦你完成了自己的清单，你就可以比较过去几周你花在处理重要任务上的时间和其他任务上的时间，并找出需要改进的地方。然后你可以进入第三步：不要总是纸上谈兵，要提上议事日程！

作为一个中层领导，我总是发现在纸上或电子文件上记录的东西不足以让我专注于必须做的事情。如果它不在我的议事日程上，它就没有那么重要了，因为没有其他人能看到它并让我去做。如果我没有把我的工作重点填满我的议事日程，它很快就会被紧急任务和其他人的工作重点填满了。

请记住：我们拥有的时间是一定的。唯一的变数是我们如何选择使用它。作为中层领导，充分利用时间的关键是把我们的日程安排分成几个小部分，这样一次就可以把精力集中在一个重要的任务上。这不仅使我们能够坚持那些重要的任务，而且还能向由我们训导的下级和我们服务的领导表明，这些任务对大家都很重要。

安排每一项重要任务并邀请每一位参与者参会。设置提醒。确保你的老板和其他团队成员都能看到这些任务。

没有人不犯错，要尽可能多地召集会议。如果你事先就知道无法召开，要在原定会议时间之前重新安排，而不是事后弥补。时间提前或推后都可以。如果不得不取消，先问问自己是否还有其他选择。其实现代技术为我们提供了很多手段来解决这个问题。

好吧，我明白了。即使你想进行所有的训导活动，并认同如果每周坚持这些活动，你和你的员工会变得更好而且也能够为你的老板和单位提供更好的服务，但这听起来仍像是另一个神话，对吧？让我们回到现实：这些训导课程可能有点无聊……我们现在需要处理一些真正的大客户的问题……顺便说一句，月底要到了，我们有一些关键绩效指标还没达到（或是其他问题），并且你想谈谈其后果——如果能抛开关键绩效指标该多好！

上面的某些或全部是不是听起来很熟悉？作为一个中层领导，你很可能听过和说过类似的话。那么大多数人怎么做的呢？他们会解释说自己忙得不可开交，忘记了训导。我们只看结果！陷入急迫的心态和放弃能让员工和生意变得更好的重要任务是非常容易的事情。不要只盯着创建自上而下的时间管理事务以及整个团队的发展和士气，而放弃了服务上级、训导下级的文化。如今的世界，有太多的干扰阻碍了人们全身心地投入训导下级和服务上级的工作中去。试图同时关注所有事情只会增强那些干扰，模糊我们的视野，使所有事情都成为我们关注的焦点，而不是那些重要的人。当我们学会如何围绕他们来安排自己的时间时，我们不仅能抽出时间，而且会发现我们有更多的时间可以利用。

关于服务上级／训导下级的理念：必做清单

必做清单列出了服务上级和训导下级有关的重要事情的优先

顺序。它控制紧急任务处于平衡和不再发展状态。

无法训导下级、服务上级会助长错误的心态：一件紧急但还构不成危机的事情发生了，却这样认定或处理：取消所有工作。取消所有重要的训导活动，理由是我们需要切实关注这件事。以后会不会改善我们不清楚，但这次我们需要做其他事情！

成功地训导下级、服务上级有助于形成正确的心态：为了做得更好，我需要专注于我必须做的事情以及我和我的老板都认为重要的活动。我希望我和我的团队在工作中是最棒的。如果为我必须做的事情安排好优先顺序，我想完成这些是非常轻松的。

第十九章 效率：让所有下属都知道如何管理时间

让我们以马克和布兰登这两位领导者的故事结束这段时间管理之旅。马克和布兰登在同一家制造公司工作，为不同的产品提供服务。他们都是好人，管理着数量相同的下属，在公司有着颇长的任期，熟稔公司业务。马克的团队负责新部门，核心业务是塑料构件的销售和服务。他和他的团队是成功的，但是他会告诉你他们需要做更多的事情，并且要采取新的冒险，以发展壮大，达到布兰登部门的规模。布兰登的部门负责金属构件的销售和服务，他们的部门更为成熟，管理着更多的客户和更雄厚的资金。

从表面上看，布兰登比马克轻松多了，不是吗？然而，如果你像我以前一样去问问布兰登，就会发现情况并非如此，那时我刚开始与他们合作训导团队，布兰登的难处在于他有时间管理的问题，而马克没有这个问题。

布兰登的日常工作持续地充斥着各种紧急的客户和团队问

题，比如他的两名员工刚刚辞职，他的客户订单总是出差错或拖延。然而，为什么要进行训导呢？布兰登认为，如果你想把工作做好，你必须亲力亲为。这就是为什么他总是第一个到办公室，最后一个离开，并经常在周六加班的原因。当发现一个团队成员总是不回电话时，他自己拿起电话替下属进行了回复。因此，布兰登在工作上花费了大量的精力和时间，却处于失控状态，他无法掌控自己的时间。一切都处于紧急和危机状态使布兰登意识到了他有时间管理方面的问题。然而，问题是，他想通过寻找一款时间管理工具来解决问题，他并不致力于承担任何重要的训导任务。实际上，在我和他共事的前六个月里，他只安排并举行了四次团队练习会议，而在过去的两个月里，甚至连一次都没有了。他说他没时间安排一对一面谈，因为他太忙了。

马克也很忙，但他坚定地认为训导员工和接受训导会有益处。他有家庭，他要确保一天中的每一个小时都得到有效利用，这样他才能准时下班，和他的妻子孩子共度闲暇时光。这并不是说马克每周只工作 40 个小时。以他的管理级别，在大部分工作周里，他需要工作 60 ~ 65 小时，但他仍抽得出时间去参加不少亲子活动。因为马克虽忙，但并不过度，因为他用软件对时间按事件的优先顺序进行了划分，每天早上的日程安排从 6：45 开始。

166

他的日程安排包括了同员工的训练会议、"一对一"职业规划会谈、季度计划会议、人才招聘时间和客户访问。马克还抽出时间向老板发送每日更新和每周仪表板报告，因为他知道自己的老板希望知道公司的业务处于正轨。他选择优先处理职业上和生活上重要的事情，制订必须完成的任务清单，并通过控制日程安排来掌控所有的事情，这样就避免了布兰登所遭遇的需要不断处理的许多客户和团队问题。

因此，你更想雇用、追随或成为哪一类中层领导呢？

当然，大多数情况下大家都会选马克。如果是在我的公司，我需要请假离开一个月的话，他们两个都会让我很放心，也许对布兰登最放心，他能确保不遗漏任何哪怕是不重要的细节。但是假如我需要发展我的业务，我不会去问布兰登，我会去问马克。因为这正是马克所关注的：发展和成长。

当我开始同他们合作时，马克抓住了重要任务的本质，更好地为他和布兰登的老板服务。他们的老板是这家公司的所有者（这家公司是行业里的翘楚），但他是一个很难相处的微观管理者。马克把这作为增进沟通的提示，并确保把时间花在老板想要的每日和每周报告上。当他们的老板要求他们到公司办公室参加一个重要会议时，布兰登的第一个反应是："我们为什么要去开会？

我们可以通过电话商议吗？我有太多紧急的事情要去处理。"然而，马克尽管也有要和团队碰面沟通的差旅计划，却接受了会议的要求。他的理念是如果老板需要开会，那一定是有重要的事情。他调整了日程，通知了团队关于计划的变更，然后联系老板，看他是否需要为参加会议做些准备工作。

最终，马克和布兰登都出席了会议，但他们的心态是不同的。布兰登对这次会议感到不满，而马克却欣然接受，就像他选择欣然地为训导腾出时间一样。布兰登说他愿意接受和马克一样的训导，但是他太忙了，没办法把重要的事放在首位。假如他接受了训导，他就会轻易地避免四处灭火。例如，布兰登的团队在一周内错过了一个产品的三次交付时间，而这个产品的交付周期几乎有一年：从客户订购金属构件到交付中间有 12 个月，然而，布兰登的团队错过了这三次交付。当然，那一周对于布兰登来说简直是一片混乱，他一个接一个地给客户、制造商、运输队和仓库打电话。他责怪除了他自己以外的所有人没有把重要的任务置于首位，没有安排会议和训导活动，这些活动原本可以在问题和故障变成紧急问题之前就得以发现和解决。然而，现在布兰登太忙了，管不了这些训导任务了。

补漏：把时间用在训导上，而不是代劳上

你们中的一些人可能会认为正是这些问题使布兰登感到自己很重要。也许吧。不过，事实是，大多数成功的中层领导从不会繁忙到无法承担更多的工作，而那些手忙脚乱的人却总是忙得几乎无法完成自己任内的工作，更不用说承担更多的责任了。区别在于他们的选择。工作必须被完成。具有服务上级理念的中层领导明白，他们需要通过要求自己和团队成员最大限度地利用时间，通过专注于重要的任务，寻找一切时间完成任务，而不接受任何借口来推卸时间管理失败的责任。事情是这样的：在过去15年里，与数百家公司打过交道之后，我意识到那些优先处理重要任务的领导者也总能处理好紧急事务。

马克的团队不是从来没有遇到过紧急问题，团队只是在处理重要任务的同时也处理了这些紧急问题。通过花时间来进行训导下级，马克使团队变得更好，更有能力管理他们的时间，从而将马克作为上级进行服务。马克的团队知道马克从来不找借口，因此也知道他们自己也找不到任何借口。这使得团队能够专注于如何完成重要和紧急的任务，而不是责备其他人为什么会出问题。

实际上，通过专注于重要的任务（与客户进行必要的电话沟通，进行客户拜访，保持在整个供应链顶端的位置），他们不会遭遇像布兰登的团队遇到的那种交付问题，因为他们在问题发生之前就将其解决。

如果你越俎代庖，他们总是会有各种各样的问题。布兰登能够这样，而马克却不。这意味着马克的团队有更多的时间用来成长和发展，在不出差的时候，马克还能设法在孩子睡觉前亲自把他们安顿好，这时候布兰登还在加班呢。

简单地说，马克的团队体现了他的理念，布兰登的团队也反映了其理念。中层领导树立了榜样。马克的团队总是能抽出时间，因为马克本人就是这样；布兰登的团队手忙脚乱，因为布兰登总觉得自己太忙，除了处理紧急事务，其他什么也做不了。因此，当他的手下给出的理由是太忙或是出现问题时，布兰登能够接受，而这些问题不仅会继续存在，还会伴随着出错的借口和推卸责任一起不断增生。没人有空去弥补这些差错。

形式主义：别让自己陷入忙而无益的状态

在进行时间管理时，错误的理念是不愿意更改事务的优先顺序，并总是寻找借口推卸责任。正确的理念是你总是能做得更好，并专注于处理重要的事务。你从不会让紧急的事情妨碍你成功。这就是为什么时间管理归根结底还是一个"意愿"的问题。时间管理不是一个系统，而是事务优先排序以及你的选择和判断的结果。

请记住：所有的训导活动都是为了让你的员工变得更好。紧急任务和复查业绩类形式主义工作会让你立即获得满足并完成任务，但它们是一种忙而无益的心态。所有这些工作都是以牺牲重要任务为代价的，这些重要任务会带来更好的时间管理，从而更好地为上级和单位进行服务，因为你的团队不会忙得没时间承担更多的责任。

如果上级在重要事情上的优先顺序与你不一致，那该怎么办？抗争心态是错误的理念，放手不管也同样是错误的理念。偶尔对政策方向提出争议是可行的，但一直抗争则不可取。花点时间让你的上级在优先事项上对你进行训导，然后把它们整理出来，这样你所做的工作就会符合公司的长远目标。不过，千万不要说上级提出的要求是不切实际的。如果上级要求你去做，你必须腾出时间去完成。如果你还是觉得自己没有时间，那对你而言它就会变成一个棘手的问题。

第六部分

团队

人人重要，而非人人必要

在商业和生活中，我们必须牢记关注人类的首要需求：感觉到重要性和被欣赏的需要。这不简单地来自奖励和奖杯，更多地来自尊重。然而，如果那些自满于过去的成绩的人不愿尊重中层领导，中层领导又该如何去尊重那些正取得高绩效成果并超出预期的人呢？如果他们无法持续推动团队进步，包括为未来组建"资源池"，他们又如何服务上级、服务公司？是的，每个人都需要感受到自身的重要性，被赏识和被尊重，但没有人可以凭空得到这一切；每个人都很重要，但没有人是不可替代的。

这听起来似乎不够信任员工？不是这样的。领导者对员工的信任应当基于贡献，而不是任期：要看他们正在做什么，而不是曾经做过什么。具有服务上级、训导下级理念的中层领导能够明白这一点。训导和服务能够向与之共事的每一个人传达尊重和赏识，这让人们感受到自身的重要性。这还会使每个人对高绩效的结果负责，包括对自己负责！因为如果领导者觉得自己具有极高的价值，或者已经有权不再进行服务和训导的话，他们必须思考他们是否还对自己负责以及是否失去了领导的意愿。

第二十章　小团伙：不能强化执行力的忠诚是无效的

我过去曾在一家"财富50强"科技公司为他们的中层领导开办过培训班。在上课时，一位领导举起手来，脸上带着真正关切的神情。我们那时一直在讨论有关招聘和"建立资源池"的重要性——网络、研究、会见顶尖人才（甚至带他们来面试）的价值，以及总是希望为我们的团队增加新的和更好的人才。大多数领导者都点头同意这个观点，但举手的那位领导者却一点也不喜欢这个想法。

"南森，"他说，"我理解当我们有需要时，有必要为我们的团队增加新的人才。然而，如果我们不断地招募新员工，难道这不是在告诉我们的团队，他们并不重要，我们也不信任他们吗？我的意思是，如果他们对我们忠诚，我们难道不应该信任他们吗？"

在讨论这个话题时，我已经听过成百上千次这样的抱怨了，因此我也早就准备好了我的答复:首先,这取决于你如何定义"忠诚"。其次,这取决于每个团队成员如何用行动表现忠诚,并影响团队的成功和健全。

"我不知道自己如何确切地定义忠诚,但我希望我的团队知道我是忠于他们的,因为我希望他们也对我忠诚。"他回答道。

这正是那种未经思考的本能反应,我早就料到了,因此我稍微推了他一把:如果对你的团队保持信任就意味着只要他们获得成功并且尽力而为,我们就忠于他们?那么是的。不过,请注意我说的是"并且"而不是"或者"。这个"并且"是很重要的,对吗?他点头表示理解,但我不确定他是否真的理解了:好吧,那么假如你的团队成员无法达到你的期望,但他们是这个团队里服务最久的人,那怎么办?你会因为他们过去曾经赢得过你的信任而置之不理吗?

"也许吧。我有一些老员工,我并不期待他们像新人一样工作。"

这是一个寻常的反应。在本书第三部分中,我谈到过一位领导者,在讨论让员工达到更高标准时,他说了类似的话。借此我了解到中层领导不这样做的原因与信任几乎没有关系,关键还是担心失去那些老员工,害怕不得不更换他们。(如果真的发生了,这正是需要建立资源池的原因。）我希望当我们继续在讲台上进行讨论时，这位领导者会认识到这一点：

"因此，你希望你的新人去做一些重要的工作，而不是让那些有经验的老员工去做。那么，让我问你一个问题：如果让老员工去完成这些工作，他们和团队会变得更为成功吗？"

"那是一定的，但是我不想对老员工进行微观管理。"

这些都不是关于忠诚或微观管理的问题。信任应当建立在贡献的基础之上，而不是任期的长短。借不想进行微观管理为自己正名，不过是在找借口逃避训导，并且避免一视同仁地对每个人提出绩效要求。只有当团队中每一个层级的人都取得成功，并且尽其所能地学习和进步时，他们才能够拥有并期望你的信任。

我想对观众席中的那位领导者以及其他中层领导者说，你现在就必须理解：对那些不能服务上级的人施与信任，不仅会损害团队的文化，而且会影响团队中那些竭尽全力、追求卓越的人取得成功。所有的这一切都是因为你没有遵守中层领导的基本原则：不要把信任与你的工作混淆在一起，要让每个人都坚实可靠，能够做出超越预期的成就。**记住：每个人都很重要，但没有人是必不可少的。**

逃避责任：绝不要赋予信任的两种人

有两种人他们的行为无法体现出忠诚，但中层领导会对他们错误地赋予信任。中层领导之所以想去维护、捍卫他们，让他们自生自灭，是因为他们觉得这些人无法改变、不可训导、难以接近，或者说训导他们或与他们打交道实在太麻烦了，他们中有：

1. 那些竭尽全力却始终无法成功或改进的人。

2. 那些能够取得成功却不愿全力以赴，也无法改进的人。

如果人们竭尽全力却无法取得成功，那么让他们继续待在自己的位置上对他们来说其实是一种耽误。实际上，这样做是彻头彻尾的残忍。训导他们进步或者训导他们出局；找到一个地方，让他们的努力与技能要求相配，成就与他们的努力相配。

然而，假如他们是成功的，却并没有竭尽全力，就是说他们的成功与他们自身以及努力关系不大，又该怎么办呢？对于中层领导来说这是一个更为严重的问题，必须找出原因。是因为对于这些人来说，工作的挑战性不够吗？在公司工作了很长一段时间后，他们认为自己可以躺在功劳簿上了吗？这样的话，下一站就该是自满了。发生这种情况之前，中层领导必须首先问问自己，为什么他们能够接受这些人对工作的敷衍。即使这些人是团队中最成功的人，这也无关紧要。他们依然没有取得他们理应取得的成就，也没有承担起责任。

然而，发生这种情况有很大的可能是中层领导没有让这些人承担起责任。他们接受了这样的结果。这样的话，你知道团队的其他成员会收到什么样的信息吗？他们的目标就都会变成：把事情做好就行，这样老板就不会再让我们那么卖力了，他就会不管我们了。因此，我们还怎么能接受这样的行为呢？那天我和听众中的领导者分享这一切是因为我发现关于忠诚和责任的真相是：中层领导运用忠诚来帮助自己在工作时更加便利，并且避免冲突和艰难的对话。

招聘：优化团队执行力的重要手段

在整个职业生涯中，我从未遇到过哪个中层领导因为担心员工会对团队不忠而不去招聘新人。简而言之，领导者因为担心对员工失去信任而不去招聘！他们不会去招聘是因为这是件棘手的事情。然而，你必须这么做。作为团队的训导者，你的工作是尽可能建立最佳团队，不断获得成功，超越老板和公司的预期。你的工作包括使团队成员取得进步以及必要时补充更优秀的人员。在体育运动中，如果一支队伍赢得了冠军，这支队伍不会坐享其成。在庆祝过后，面临的问题就变成：我们在合适的位置上是否拥有了最优秀的球员，明年能否继续获胜？他们征召新的球员，大部分的老队员必须努力地证明自己的实力以获得来年效力的机会。无论你是超级碗最具价值的明星四分卫，还是准备爆发的新秀，大家都一样。人人都很重要，但非人人必要，除非他们能够帮助球队再次取胜——这个道理同样适用于教练！

在商业世界里也是如此。"人人都很重要，但非人人必要"听起来可能很伤人，但它为中层领导平衡"对员工的赏识"和"让员工尽职尽责"提供了重要的教训：这不是制定流行的决策，而是为团队的发展做出正确的决策。

如果中层领导想要营造繁荣、成功的文化氛围，他们必须也满足对员工一样的要求，充满活力，全力以赴地为客户和老板服务。他们必须尽可能建立最好的团队，这意味着对所有的人进行训导，使他们进步或者出局。他们希望人们在训导中得到成长，每年都能取得成功。如果做不到这些，他们则希望把这些人移出团队，去其他适合他们的地方。

信任不应与对出色完成工作的感激相混淆。中层领导必须对他们的团队始终心存感激和赏识。不过，信任是以团队成员的精神和体力贡献来衡量的，而不是他们在团队服务的时间。我们都有一些员工几年前就不干活了，但仍然天天来上班。他们配得上我们给予明星员工一样的信任吗？在当今的商业领域中，我们得到的评价常常是来自过去取得的成就，但是我们真正的成功和价值在于今天所做的事情以及未来将负责的工作。

也许曾经有过这样的情况，那就是你的最近一次成功才算数。但是在当今的世界里呢？你当前的、持续的和未来潜在的成功才算数。"你最近为我做了什么？"这种理念对于中层领导来说是正确的，因为对于那些为他们服务的明星员工来说无疑就是这样的。他们对你忠心耿耿，竭尽全力，但前提是你最适合他们的未来发展。如在其他地方有更好的发展机会，那么没人还会留在你的麾下。如果你这样做，最终这个员工会憎恨你，并且会对任何人都不负责任。

中层领导必须停止被忠诚所俘虏，为不良行为辩护以回避冲突或接受平凡的表现。这样不是在服务上级，也不是训导下级。这样做仅仅是在维持现状，一旦开始就很难摆脱。

服务上级／训导下级的理念：忠诚与责任

"人人重要，而非人人必要"的信念能够平衡忠诚与责任。这能防止中层领导被忠诚蒙蔽双眼，并能够迫使他们训导所有团队成员去取得成功。这其中就包括了为未来的成功建立资源池。中层领导必须理解他们的老板和机构的方向和信念，并尽最大努力、不懈进取地训导下级超越预期。

糟糕的训导和服务上级能力的欠缺会助长错误的理念：我把忠诚放在首位！即使员工马马虎虎地办完了事，或者尽了全力也很难成功，我也应该支持他们，因为他们在付出或者至少是这样努力了。我们干得不错。没必要改变什么。

成功的训导和服务上级的能力会产生正确的理念：我必须要求我领导的每一个人都尽力而为，努力进取，要能够理解"人人重要，而非人人必要"。包括我在内！只有我们当前的、持续的和未来潜在的成功才算数。

第二十一章　思维误区：不要总觉得公司欠谁的

在我主持的一个公司活动的休会期间，我无意中听见一个工程部的人和一名新员工谈话。我从未和这个人合作过，但是我知道他已经在公司工作10多年了。在过去的10年里，他取得了稳定而可观的业绩，是公司最好的员工之一。在那段时间里，也有人做出了比他更好的业绩，但是这些人中的大部分后来都离开了公司，而他继续留任。他似乎在充分利用这一点。他说的每一句话，甚至是他的姿势，都呈现着"小池塘里的大鱼"的姿态，向人们发出"别跟我捣乱"的信号。并不是说他令人讨厌，相反，跟许多人一样，我也觉得他有趣又迷人。不过，他和新员工的这次谈话却不那么有趣。他告诉另一位员工公司怎样"让他独自为政"，他有多么"无聊"。我忍不住插入了他们的谈话。

"你好，我忍不住听了你们的谈话和你刚才说的话。那么假如你觉得无聊的话，干吗不辞职换份工作呢？"

"哦，我不能辞职。他们需要我。"

"他们可能没你想象的那么需要你。"

"不可能，他们需要我。"

我觉得给他点压力。"好吧，我不得不告诉你：如果你做的是一份你不想干的工作，而且你觉得他们对你的需要超过你对他们的需要，那你很有可能在不经意间就做了不少影响不好的事情。实际上，你很有可能扰乱了团队。"

我被拉走继续主持活动去了，所以他还没来得及回答，我们的谈话就结束了。不过，我告诉他，如果他想继续和我谈，可以在活动结束后找我，他确实来了。很明显，他一直在考虑我对他说的话："你知道，南森，我不是说我不需要或者不想要这份工作，只是我忠心耿耿地为这家公司服务很长时间了，他们欠我的。"

"是吗？"

"是的，我错过了很多本可以抓住的机会，本可以跳槽，如果那样的话我可能比现在更成功。然而，我从来没这么做。"

我以前也听说过这个故事：虽然他举止风趣迷人，但他已经变得自满并愤恨。也许曾经他达到过自己的巅峰；也许他说的那些机会是真的，他确实错过了这些飞黄腾达机会；也许他那么做确实出于对公司的忠诚——就像中层领导对像他这样的员工所持有的错误的忠诚一样……但是他对公司忠诚的证据是没有放开胆去做那些未实现的事情（跳槽），这让他付出了代价。他担心那些机会不再重来。现在他被困在当前的工作中，毫无进取的意愿。

这种情况难免会导致这样的员工不仅自满，而且对领导充满怨恨：形成一种"你欠了我"的心态。他们认为"我是重要而必要的"。

特权：一个人不用努力，人人都会不努力

几年前，作为一名地区销售总监，我和自己的上司一起参观了我所负责地区的一些商店。在我们参观的最后一站，他询问商店经理，我们还能做些什么以帮助他和他的团队取得更大的成功。经理看着我们说："当然有，我们并不总是感受到关爱。因此，如果你和南森能够经常地向我们展示关爱的话，那就太好了！"

我的老板微笑着看着经理说："你每两周都能领一次工资吗？"经理点头。"那就是了！你每两周就能得到一次关爱。"我的老板不是开玩笑，也不是刻薄。他只是清楚地知道，他授权执行了许多认可员工的方案（例如形式一致的致谢电话，最

佳员工奖励方案，训导工作，每半年一次的联谊会议），公司充满了关爱和感激。也许这就是为什么在我们所参观的所有商店中，只有一个经理提到这一点。这位经理不是个坏人，他只是像一个被宠坏的孩子，他觉得无论他得到多少钱、认可和支持，永远还是不够。

对于中层领导来说，这种心态是危险的，因为它会让他们的下属对自己所得到的一切感到怨恨和沮丧——即使实际上所得越来越丰厚依然觉得怨恨和沮丧。

这只是几个月内你滋生怨恨的一个小小途径。现在试想一下，在经历了 10 年这样的感受之后，你会有多大的怨恨，这样你就会理解那位工程师的遭遇了。

觉得为了工作牺牲了自己，当这样的人因此去怨恨他们的上级和公司时，他们对员工忠诚度的理解就陷入了误区。当只有一个人这样想时，这种扭曲的忠诚并不是一个大问题。然而，如果员工总是玩弄责怪的游戏，它仍是一个严重问题。在忠诚的伪装下，他们因为错失机会或觉得缺乏"关爱"而责怪公司。像这个工程师那样的员工完全是自发地走上这条道路，他们只做必要的事情来维持成功并领取薪水。他们向所有听众表明他们的重要性和必要性。

如果不立刻进行处理，所有这些责怪和自以为是几乎总是会对他们的上级和所属团队造成损害，那位工程师显然也属于这样的情况。我和那个员工说话的当天，我也和他的上级谈了谈。他的上级到公司的时间还不长，负责管理这个团队。他的上级立刻抓住这个机会称赞了这位工程师过去的成就和在公司长期服务的历史。当然，正如你现在所知，这是把忠诚和任期联系到了一起，在这种情况下，这不仅导致工程师更加自以为是，而且他的上级还为他的行为做出了辩护。"他是我手下最聪明的人之一。他比任何人都更了解我们的所作所为，"他的上级告诉我，"但是他是迄今为止所有人的大麻烦，不过他有这样的权力。"

你说他有"权力"是什么意思？

"他对我们很有帮助，而且团队成员都很爱戴他。他不喜欢遵从指令，喜欢做他自己的事。不过，他在公司干了这么久，他有权按着自己的心愿做事。即使不去管他，他也还做得不错。当我试着去训导他，不管是什么事，他就变得很难管理。"

在我共事过的每一家公司，每一个部门，我都发现过这种情况：员工对自己的工作变得非常"了解"，以至于他们的上级都要依赖于他们的知识。因此，老板容忍这些人所做的一切，不是因为这些员工很优秀，而是因为这些领导害怕失去这些知识，进而导致无法维持现有的业绩（不是增长）。在这种情况下，每个人都以忠诚的名义被囚禁于任期中。宣布对任期忠诚听起来不错，甚至很高尚，但这仅仅是一个不去服务上级和训导下级的借口。

这位工程师认为自己胜券在握，而他的上级和公司也不想打击他的气焰，无法让他恪守职责。同时因为没有人对自己或他人提出更高的要求，他赢得了这场心理战。我试图向他的上级解释这一切。我列举了接下来可能会发生的事情，这些事也有可能在他接手团队之前就已经开始了：

你的团队里还有 10 个人，你告诉我这个家伙是你的种子选手，他又是你的大麻烦？你容忍他不是因为他的努力，因为他有多聪明，而是因为他在这儿干了很久？你拥有一支工程师团队！他们都很聪明。你最终会让其他 10 位聪明的工程师都想变成大麻烦。

因为他们都想和这个家伙一样，感觉自己有权得到同样的优待和忠诚。他们要么会因为能告诉你该怎么做而自我感觉良好，要么会因为觉得没有受到重视和赏识而离开。

如果公司发生这种情况，就不能通过训导他人来解决问题，因为他们都把训导视为不惹麻烦的惩罚措施。最重要的是，这个工程师没有用行动来服务他的老板，很快其他的团队成员也会模仿他的举动，拒绝服务上级，直到这位上级能忽略任期，让每个人恪守职责，情况才会改观。因为没人"亏欠"任何人。想要别人的信任，必须每天付出努力，信任只能随着持续的贡献和增长而延续。

6个月后，那位工程师的上级自己也迎来了一位新上级——一位具备服务上级、训导下级理念的领导。在他们的首次"一对一"会谈中，新上级询问了这位中层领导关于那位工程师的情况，中层领导者也汇报了自己处理的所有问题以及为什么一直容忍他的态度和行为。新上级告诉中层管理者，团队、整个公司以及那位工程师本人都应该有更好的选择。新上司对他进行了训导，告诉他如何与那位工程师进行强硬的谈话，让后者明白自己必须整肃言行，承担更多工作，如果不行的话就及时改变，重新选择。当他在那周执行了新上司的指令后，那位工程师决定是时候离开去尝试一段新的旅程了。

在那位工程师离职半年后，团队不仅没有任何损失，反而更加繁荣兴盛了，士气空前高涨。更妙的是，这位工程师本人也更开心了。他感谢过去的老板迫使他去做了自己一直害怕做的事情，做出了寻找新挑战的决定。

资历：所有的"老本"都是有毒的

正如我们在这本书的每一部分中所看到的，选择都有目的性，而且通常我们所做的选择是自己觉得最舒适的，或者能带来最直接的满足感。作为中层领导，我们必须选择训导，我们必须选择服务。这些都不是最容易的选择，因此我们必须抱有坚定的信念来贯彻这些选择。当领导们愿意推动自己和身边的人变得更好、做得更多，并且不接受任何妥协时，那些对无所事事的痛苦和恐惧就会消失，每个人的明天都会变得更好。工程师没有牺牲机会，他只是选择了逃避。当他被推动着向前后，他会意识到这个决定的后果，并做出一个新的决定——那是他多年前就应该做出的决定。

这就是为什么中层领导必须时刻指导每一个人"要么不断进步，要么另谋高就"的原因。听起来可能很苛刻，是这样吗？还是这本来就是很正常的事情？

如果你觉得这很苛刻，很可能你是被人管着的而不是被训导的。

没人对你要求任何东西，你只是失去了向老板和你自己要求东西的意愿。你已经习惯于自满，并且觉得做了够多的事情足以躺在功劳簿上了，但仅此而已，你再也不会变得更好。

如果你认为这很正常，那么你很可能是被训导过的，并且明白无论你的工作或头衔是什么，你的义务就是每天都做最好的自己。

当然，很多时候会觉得"每个人都很重要，但没人是必不可少"的想法不近人情。

想象一下这样的场景：中层领导必须裁掉一些长期任职的员工。员工们说："我为了这份工作牺牲了家人。一周出差和工作 80 个小时，我这样工作了 20 年，现在公司却要让我走？"如此忠诚的员工你难道不觉得亏欠他们吗？不，你只欠他们该得到的工资和公司相关的退休储蓄。从通知解雇到举行送行聚会所有的一切都是你的选择，就像那些员工自己选择为你工作了 20 年一样。

这样说吧，你总是能听到别人说"他给那家公司工作了 20 年"，但你永远不会听到"公司为那家伙付了 20 年的报酬。"

听着，我们都希望自己被重视，并且自己的工作和努力是有目的的，但当这种情绪让我们产生憎恨或抱怨时，那就有了问题。这种情况和我之前提到的工程师的选择的例子没有什么不同。这些人决定留在公司，每周工作 80 小时。不管是什么原因，他们就这么做了。如果他们现在后悔了，那就很容易为了减轻被解雇的痛苦而将当初的决定怪罪于别人，而不是承认自己行为的后果。

很可能这些人一开始很清楚他们所要面对的事情。他们之所以一周工作 80 个小时是因为这样做为他们和他们的家人提供了一切：地位、好小区的房子、豪华汽车、最新的手机和配件、美好的假期……真是的！他们也可能一开始真的很喜欢自己的工作，对自己的工作由衷地感到自豪，并努力做得更好。然后他们失去了继续这样做的意愿。他们的家人、老板和公司也不应该为他最开始的决定负责，而应该是他们自己。

不要把自己当初的决策和丧失进取的意愿归咎于你的老板或机构。通常来说，你才是自己的问题的根源，而不是你的手下、老板或是客户。

这并不意味着员工和团队成员没有价值，配不上享受快乐和成功。人人都应该享有快乐和成功。或许在你或他人当前的工作中能找到这些，也有可能现在没找到。就好像并非人人必要一样，也没有什么工作或是职务是必要的。快乐和成功在于作为一个人的价值所在，快乐和成功也在于不使任何人在忠诚的面具下自以为是、自满骄傲和怨恨恼怒。人的价值不仅仅在于一份工作或谋生的方式，因此没有人应该被动地等待从天而降的收获。任何一个机遇都应该被寻找和追求，无论你是谁，在哪里工作，或者工作了多久。

服务上级 / 训导下级的理念：忠诚和任期

除了因付出服务获得的薪水之外，没有什么是我们应得的。一旦开始认为自己有权获得更多，人们就会停止付出，不再通过自己的努力去获得想要的回报！中层领导必须清楚我们的工作不会保障任何人的工作（包括我们自己在内）。我们所有人都必须努力去赢得这份工作，每天、每周以及每年的努力。忠诚来自贡献，而非任期。

糟糕的训导和服务上级能力的欠缺会助长错误的理念：我选择安于现状。如果我期待那些工作了10年多的员工比那些刚工作两年的新员工承担更多的任务以及做出更大的贡献，我就是不尊重这些老员工。我要保护这些人，因为我需要依靠他们取得成功。如果他们离职，我就不知道该怎么干了。我不用训导他们，我只要让他们觉得高兴就行，即使他们会惹麻烦，让他们开心会对公司有好处。

成功的训导和服务上级的能力会产生正确的理念：我选择变得更好。我必须首先为我的公司和上级服务，无论任期长短，对每一个人进行训导，使他们进步或出局。服务上级意味着优先考虑公司的需求，我为他们服务，并通过训导下级使之进步并超越预期，这才能展示我对团队成员的赏识。简而言之，球队每年都会招收新人，而老球员必须努力去赢取他们来年的位置。如果我们想要建立一种欣欣向荣的文化，我们必须致力于在商业上做同样的事情。

第二十二章　公平游戏：一切都是人们自己的选择

在职业生涯的前 9 年，我在一家自己很热爱公司每周工作 60 到 80 个小时。刚工作的时候，我没有孩子，我热爱工作，所以整个周末都在干活。有一次，我被分配到美丽的波多黎各岛工作了几个月，但我的脚从未接触过岛上海滩的沙子，我从未游览过整个岛。当我不工作的时候，我就在旅馆里和城里闲逛。但这称不上是牺牲。我热爱工作，没人要求我这样做，我自己选择了长时间地工作。

如今，我有了妻子和四个孩子，我喜欢和他们在一起，我还有一份我热爱的工作。这份工作可以让我在一年中大部分时间里都在旅行，我甚至可以一次出差两个星期。不过，我拒绝做出像我刚工作时那样的选择，我要同时对家人和客户负责。

我不会为了我的事业牺牲我的家人或为了家人牺牲我的事业，我选择在这两者中最大限度地利用我的时间。即使在工作时，我也会带着小女儿去钓鱼；一边听着十几岁的二女儿的糟糕透顶的音乐，一边陪着她去约会；一边坐在椅子上，把手机扔一边，一边听大女儿给我读她在我不在的时候花了一周时间写的新书。我的大儿子已经成家，并且快要当爸爸了，只要他需要育儿的建议，我随时都有空帮他。

我需要始终最大限度地利用时间：只有对生活中所有重要的事情都怀有信仰和热情时，我们才能成功。谈不上什么牺牲，一切都是我们自己做出的选择。

同样的道理也适用于家庭、友谊、服务你的老板以及训导你的团队。选择成为大家所依赖的人，你就永远不要想着或只接受轻松的工作。所有的人际和业务的关系都需要工作来维持，你每天都要出现在单位。你不能让"我已经工作了多长时间"成为你推卸不断改善这些关系的借口。

这就是为什么我和妻子每五年就要重新订下约定的原因。大多数父母都把孩子放在首位，一切都是为了孩子们。我家却不是这样，我和妻子把我俩互相照顾放在第一位。我把这样做的原因部分归结于我妻子的奶奶，她总是让我妻子先照顾我，奶奶常对我妻子说：当你的孩子离开你之后，你丈夫才是你的依靠。当然，还有另外的原因：我想让女儿们看看我是如何对待他们的母亲的，还有我儿子，让他看看如何做一个好丈夫。我先考虑自己的另一半并不意味着我会减少对孩子们的爱。此外，当你把一切都转移到孩子身上时，婚姻就像是变成了一种义务——一份没有报酬的工作。

因为类似的，对于中层领导们来说，我们的老板、机构和顾客就是我们的"另一半"，而我们所领导的人就是我们的"孩子"。你将为上级和公司服务放第一位并不是说你不爱和不欣赏你的团队，而是意味着你有一份工作要做，并要做得越来越好，你对你的团队也有同样的期望：不断向前，夜以继日地不断贡献和获得忠诚。

为什么中层领导会降低对自己和所领导的人的期望呢？

· 你对团队中的谁要求最多？为什么？

· 你对谁要求最少？为什么？

· 你要求最多的人是不是来自你最看重的终身雇员？他们是不是经常称他们所做工作是一种牺牲？

·你对与团队共事时间最长的人有同样高（或更高）的期望吗？你对自己有最高的期望吗？

·你要求最少的人是不是由对自己和下属要求最少的人领导或负责？那个人是你吗？

请记住：下级的问题都是上级造成的。员工做出选择后又后悔了，或者认为他们有权得到更多，中层领导们不要在这个问题上成为"同谋者"。忠诚度意味着什么和如何获得忠诚度，就像缺乏责任感一样，缺乏对上述问题的理解通常会从底层一直影响到高层。如果中层领导接受了低于预期的结果，那么他们不仅不能服务上级，而且还会选择对他们应该训导的人和他们自己降低要求。

服务上级、训导下级的理念：牺牲与决断

作为中层领导，我们所做的一切都与选择有关。

在"服务上级训导下级"方面的糟糕能力会助长错误的理念：我为我的领导和公司做出了牺牲，他们欠我的。

在"服务上级训导下级"方面的良好能力则可以强化正确的理念：我选择服务于我的领导和公司。我欠他们的，是他们让我变得更好，指导我的团队走向成功。

第二十三章　目标：要强调现实性，更要强调可能性

　　一个年轻人进入一家展销公司从事销售代表的工作。工作了两个月，他从上级和其他销售代表那里学到了所有的技巧，然后他告诉上级和团队中的每个人，他已经准备好了：他很快将成为公司的第一销售代表，并且他的销量将是目前公司里最高销售代表的两倍。他的许多队友都觉得他是得克萨斯人所说的"全是帽子没有牛"（光说不练）的家伙，他们笑他自大。不过，他却用实际行动予以回击。他尽量管理好自己的时间，要求上司为他和他们的客户提供更好的服务，给其他人打电话的数量是以前的三倍，并随时随地与潜在客户会面。

　　毫无疑问，到了第二年，这个销售代表已经是公司第一了，他的销售额超过 180 万美元。到了第四年，他的销售额超过了400 万美元。如今，他的销售额超过 500 万美元。在这个销售代表之前，没人能够超过 200 万美元。最近，他的销售额继续提高。

这是水涨船高？不，还不止这些。在与公司的其他销售代表交谈时，他们承认一开始觉得这个孩子太自大，尽说空话，他们称他是马屁精。然而，当他们看到他逐一兑现了这些承诺后，他们不再那么趾高气扬了。这孩子没有拍马屁来讨好领导，他没有做任何伤害或损害同事的事情，他也没有背地里操纵任何人去得到他想要的。他只是交出了超出所有人预期的成果，达到了其他销售代表很多年都没有达到的成绩。其他人以前也成功过，但那只是过去。这孩子现在是工作高效的超级明星，他影响着周围的每个人，他们都想变得更好，并且想做更多的事来服务他们的客户和老板。如果认为他是自大狂而排挤他，这恰恰是其他人已经失去了努力工作和要求老板这样训导他们的意愿的表现。

这全是因为这孩子知道中层领导必须服务上级、顾客和训导下级：在你能赢之前，你需要有赢的欲望。要想成为大人物，你必须梦想成为大人物。你必须去争取！

前面我提到了一些中层领导认为吸纳新人是对整个团队的不信任。这个年轻的销售代表的例子正反驳了这样的观点：他用行动来证明自己的话，并不断要求自己来取得每一次的成功。他让整个团队自己来选择要做得更好。他并不比其他销售代表有更多的知识和经验，他只是觉得自己没有资格坐享其成，并不断激励自己行动起来，让梦想成为现实。

在我的其他书中，我写过要理性地设定目标。设定切合实际的目标往往被用来作为大做文章的理由。现实的目标是有限的，因为它们是现实的；它们是建立在人们以前看到或做过的事情之上的。年轻的代表设定了合乎逻辑的目标，他在想大问题，而不仅仅是做梦。逻辑的意思是，考虑到时间和意志，我可以实现任何可能的目标，而不仅仅是现实的目标。

中层领导必须推动自己和他们的团队在最大可能的方式下大胆梦想，并完成重要的任务和活动，即使没有任何直接的结果或证据表明梦想会成为现实。

我本可以现在就结束本部分，然后让大家都回去。不过，在谈论了这么多关于错误的忠诚和自负的话题之后，当涉及理解什么是重要而非必需的事情时，我想更深入地探讨下这位年轻的销售代表是如何实现巨大成功的。这超出了他服务上级的理念和坦然接受老板训导的心态。简单地说，他为他的客户提供服务，并将这些关系转变为了"金钱关系"。

我听到无数人说"销售靠的是关系"，好像它就是成功的秘诀。我同意销售要靠关系，但秘诀不在此：成功的秘诀以及被老板和你的机构所欣赏和重视的秘诀是你拥有将所有关系转变为"金钱关系"的理念。

无论从事销售、人力资源、财务、客户服务等工作，还是生产制造、工厂车间等工作，这一原则均适用，尤其是那些想继续以最高水准服务上级的中层领导们。与我们的客户和顾客建立牢固和真诚的关系至关重要，但那仅仅是为了沟通和维持关系。金钱关系是为了让你在那些与你做生意的人的眼中变得有价值。这与在客户身上花钱、带他们出去吃饭和送礼物无关。事实上，恰恰相反，把关系变成金钱关系是为了让别人给你钱或与你做生意，因为你对他们的成功有价值。

太多的领导忘记了这一点。我相信那个展销公司的许多销售代表也忘记了这点。许多行业的销售人员和业务人员都掌握着很多的关系，但这些关系往往不会变成能为公司带来业务或收入的金钱关系。毕竟，"重要但非必需"也符合你的客户对你的看法。如果你不重要也不能给他们带来价值，那么即使你再讨人喜欢也不重要。他们会和你的竞争对手签订合同后照样和你一起喝啤酒。

将关系转化为金钱关系的三个步骤

1.明确你的意图。永远不要有隐藏的日程表，把里面的一些事情总是藏着掖着。

如果你的目标是与顾客建立长期的业务关系，那么告诉他们，并向他们展示双方合作成功的好处。任何商业交易都是双赢的。如果你告诉人们你在做什么，你要去哪里，他们就不必猜测你从哪里来，或者你的立场是什么。他们已经知道了。

2. 坚持、大胆和自信。你必须知道，为了服务我们周围的人，我们必须让他们感觉良好。要做到这一点，你一定要大胆地去认识别人，并且让他们也认识你。你必须甘愿放下你的自尊，变得低调，尤其是你还没有立刻得到答案的时候。这需要很强的自信和持续的跟进。没有金钱关系是从一次谈话就开始的，要做好邀请多次，留言多次和被拒绝多次的准备。

3. 把前面步骤融合在一起。让你团队围绕金钱关系开展工作。好的交易应该是谁先付钱你就为谁服务。对你的服务对象来说，任何交易都必须成为一次完美的体验。

在我分享了上述这些步骤后，许多中层领导十分同意我的观点，但在执行方面，他们和他们的团队还做得远远不够。这是因为当他们把所有的步骤融合在一起的时候，他们忘记了在服务上级和对外服务的同时还要训导下级。

上面步骤中的每一步都可以通过"分组对抗"、实践会议、"一对一"会谈和现场巡视等活动来训导。你知道，我们忘了管理我们的时间去完成这些重要的任务。正如我之前所说的，不做这些的后果不会立刻显现，但随着时间推移，影响会逐渐明显，尤其是到了被像那个年轻的销售代表一样的人抢走了生意的时候。

是的，下面问题的答案都是一样的。

你是不是混淆了忠诚和责任心？应该让你自己和你的员工对所做事情的结果负责，要求他们做出超出当前预期的成绩并在未来不断提升自己，通过这种方式来服务上级。指导他们提升自己或另谋高就！

你是不是混淆了忠诚和任期？应该让你自己和你的员工对所做事情的结果负责，要求他们做出超出当前预期的成绩并在未来不断提升自己，通过这种方式来服务上级。指导他们提升自己或另谋高就！

第七部分

7

领导力

不要从中层领导者沦为中层管理者

在这本书的开头，我说过很多位居中层的人认为他们的地位很低并且缺乏影响力。这些人告诉我，当"每个人都知道"他们背后的上级才是做"真正的决定"的人时，他们就很难表现出任何权力或权威。你知道吗？他们是对的！位居中层的人往往只是中层管理者，而不是中层领导。这些中层管理者的那种无能为力的感觉并不是因为他们身居中层。他们缺少权力，因为他们自己放弃了一切。

从事服务上级和训导下级的中层领导拥有自己的权力。这就是中层领导和中层管理者的唯一区别：权力。一旦你拥有了权力，你又如何维持它呢？答案的第一部分与你必须知道的这一点相同：你选择拥有它。你的权力完全属于你，你可以选择拥有或放弃。答案的第二部分是你必须通过掌握本书所涉及的所有问题来执行决定。

第二十四章　干法：中层的领导力是争取来的

在我们的每周领导例会上，其他地区的主管和我都感觉到了有些异样。我的上级几个月来一直对我们公司发布的方向调整和决策感到沮丧，他缺少对该方向的控制力和决策能力。本周，当他试图解释将要采取的下一步行动时，我们照例问了一通具体怎么做的问题。他沮丧极了："伙计们，我没有做决定的权力。我的上级才有。我只是一个高薪的销售代表。"

你得明白我的上级不是个糟糕的领导。事实上，在那之前，他是我职业生涯中遇到的最好的一个。然而，有了这些话，他就失去了一个实际领导的权力。

不是因为公司的决定，而是他的话和随后的行为让他失去了权力。他失去了作为中层领导的影响力，变成了中层管理者。他的人在这儿，但他却没有领导大家去执行。他没有接受公司的方向调整，放弃了我们作为团队来贯彻这个决策的责任，也没有服务他的上级，而是指责公司让他无所适从。他告诉我们他不喜欢这个方向调整，并向我们抱怨。他放弃了与我们一起工作去适应这些变化，停止了对大家获得更好结果的责任心的要求。然后他为了我们的结果而向他的上级找借口，在上级面前护短而不是服务上级。换句话说，我的上级已经放弃了服务上级和训导下级。

关于书中的观点，你知道作为中层领导，权力的获得来源于服务上级和训导下级的理念。拥有权力是为了执行服务上级和指导下级的重要任务：

· 要明白头衔与权力无关。我们的权力来自于我们如何服务好上级，以及如何通过训导来影响我们的团队。

· 遵循公司的每一个决策，就好像是我们自己的决策一样。无论我们私下认为它们是对还是错的，要确保对我们的团队能够一视同仁。因为我们相信公司！

· 要求自己和团队对于服务顾客和领导抱有责任心，遇到问题后拒绝接受任何借口或抱怨老板和公司。

维持中层领导的权力，就是持续执行训导下级和服务上级，在挑战和变化面前毫不动摇（不管你怎么认为它们），始终努力让自己变得更好并且超出期望。我的上级的例子表明，要做到这些是多么具有挑战性。他的自负和言辞阻碍了他的前进，而且他从未恢复他作为一个中层领导应具备的服务上级和训导下级的心态。

不到一年的时间，我的那个上级辞掉了几个月前他就已经说服自己放弃的工作。这些全是因为他不理解维持权力的基本原则：成为中层领导是一个强有力的选择。一旦你拥有了权力，你就可以使用它，没有人能从你这儿夺走它。你通过持续不断地服务上级和训导下级来维持你的权力。

主动性：表现得像齿轮，就更容易成为齿轮

我们每个人在职业生涯中都会面临我的那位上级所遇到的情形。在这种情况下，我们感觉自己就像是车轮上的齿轮，被迫接受一个又一个的决策。然而，只有当我们表现得像一个齿轮时，我们才会真的变成那个齿轮。那种人人都赞成公司或上级所做的任何决定的场面只存在于幻想中。正如前面所讨论的，最好的领导和公司不需要盲目服从决定的人；他们需要的是喜欢通过提问弄明白怎么做且不断接受挑战让自己做得更多的人。

我的上级忘了应该怎么做，这是他自己的选择。因为做出选

择的肯定不是我或其他主管。正如我所说的，他是我遇到过的最好的老板之一，并且大多数主管都有同样的感觉。不过那天他放弃了他的权力，让自己在大家的眼中变得软弱无力。

那么在这种情况下，我的上级应该怎么做呢？让我们设想我的上级没错，全是参会的主管们的问题。在公司的营销政策又一次发生变化后，我们不知道该怎么做了。尽管我们的上级坚定不移地相信、指挥和训导我们，但我们仍变得灰心丧气，感觉自己越来越弱，就像车轮上的齿轮。因此，在那次周例会上，不是我们的上级，而是我们称自己为"高薪的销售代表"。如果你是我们的上级，你会怎么应对？

在你回答之前，你要知道上述假设确实在我公司发生过。当我们的新上级来的时候，大家士气低落，一些人也采取了和原来上级一样的态度。新上级问我们是否觉得原来的那个上级确实就仅仅是个高薪的销售代表？我们都回答说："不。直到那天之前，我们都觉得什么事都是他说了算。"我们的新上级向我们解释道："你们只对了一半。他确实拥有权力，但不是一切都是他说了算。没人能这样。他失去权力的唯一原因是他选择了放弃权力，就像你现在做的那样。权力需要抓住，但抓住权力不在于谁说了算，而在于能够发号施令并指挥别人去执行。"

这是我永远难忘的一课：接受上级和公司的指令和决策，就像是你自己的一样，指导你的团队去执行。

词汇：绝不要区分"我们"和"他们"

当我原来的上级在面对那样的处境时，他能做什么来维护他的权力呢？答案就是要记住，做中层领导，字典里不能有"他"、"她"或"他们"。中层领导不会去制定指令，但他们始终接受指令并且加以执行，因此只有"我"和"我们"。除此以外谈论到的任何人都是在责怪别人，尽管有时很偶然。例如，在试图安慰员工时，有中层领导可能会说："我自己也不同意这个决定，但这是公司要我们做的。"简单的一句话却是在指责公司，并且削弱了一个领导要求下属负责任的权力。亦或是告诉员工们，中层领导"将为大家出头，让当权者知道他们的决定对大家产生了怎样的负面影响。"这种"我们与他们"的心态使中层领导成了"信使"，而据我所知，没有信使能有实际权力。

同样地，必须要记住中层领导在"接受"决策的同时仍然可以针对上头的决策和任务发现和提出问题，以便让我们的团队与目标更好地保持一致。一旦他们这样做了，他们就会和他们的团队分享"这就是我们要做的""这对我们很重要的原因是……""我们的工作是实施这个计划并取得最大的成功。"如果有团队成员问："这是谁的主意？"领导应该真诚而热情地回应："是你的，我的，我们大家的！公司有足够的数据和远见知道这是我们所有人的正确方向。我们的工作是确保领导们知道我们是实现这一目标的最佳人选。"

问题在于，如果我们自己心里有"我们"和"他们"之分，嘴上却宣称只有"我们"。这种"言不由衷"，还是会损害我们的权力和真诚。

行为方式：一味强迫并不能巩固权力

史蒂夫·马丁曾经讲过，一次我俩去国外，坐进了一辆出租车，跟司机说去我们预定的酒店后，突然发现司机不会说英语。我们的第一反应就是再次大声说："我想去那家酒店！"——好像更有力的话会突然触发司机体内潜在的语言神经，让他神奇般地理解我们的话。当然这不起作用。业务上也是这样。如果你自己不相信和接受公司的指令，只是一味地强迫下面的人"要么做要么走"，这并不能使你变得更加可信和恢复你的权力。权力不是来自于强力。事实上，作为一个中层领导，要想有能力去应对我们在本书中提到的所有问题，谦逊和自信是必不可少的。

·权力体现在成为自己的上级能够信任的，可以服务上级和训导下级的中层领导，而不是其他。

·权力来自责任感和在不确定性中能够真正接受决策，使得你的团队跟随你，即使他们认为你已经失去了理智。

·权力意味着为了训导和提升团队而腾出时间，而不是以"他们应该早就知道这一点"为借口推脱。因为没人知道所有的答案，包括你自己。

权力要求新的知识得到应用，并持续贯彻。

·权力是针对那些不尽力而为的员工，训导他们进步或另行高就，不是因为你是上司，而是因为那些员工和团队应该做得更好。

简单来说，你如何服务上级和训导下级，将决定你如何维持中层领导的权力。我发现，当中层领导显露出那种权力后，他们的上级会给他们更多的权力，他们的下属也会主动地为他们服务。不是你要保持权力，是上级想让你保持权力。

服务上级和训导下级的理念：拥有你的权力

你不需要变身超人来要求、接受和维持中层领导的权力。我们的权力就是不断地服务上级和训导下级，也就是在未能确立自己的方向和接受老板和公司的指令和决策失败后走人。

无法训导下级、服务上级会助长错误的心态：对你的团队说，"他们"让我们做某某事，并指责公司和你的上级所做出的决定。当你和你的团队变得自满，不能取得最好的成绩时，为他们找借口"一开始这显然就是一个糟糕的决定"。

成功"训导下级、服务上级"能帮我们树立正确的心态：你的权力属于你自己。你是你团队的老板。你的权力不在于头衔，而在于你的理念和行动。对于你所领导的员工，你对他们和你自己有同样高的标准，绝不接受下属的借口或在你的上级面前找借口。

第二十五章　忠告：正确的失败和错误的成功

有一天，我使用 GPS 找到一家商店，却从商店门口开了过去。这时候，我女儿捏着嗓子，学着家长的腔调，惟妙惟肖地说："爸爸，你刚刚开过了商店。"然而，GPS 没有提示说"您已经到达目的地"，所以我根本没发现商店。你可能也遇到过类似的情况。也许你听说过更夸张的版本，比如一个人因为他的 GPS 叫他继续前进而把车开进了湖里。在现实生活的道路上，因为完全依赖导航而不用眼睛去观察，这些人显得有点疯狂或愚蠢。然而，在我们所知的商业道路上，这些人是你团队中最好的中层领导者，因为他们的公司和老板就是他们的 GPS，他们严格执行给定的方向。

对于那些必须在充满变数的时局里维持权力的中层领导来说，GPS 是一个完美的类比：相信上面的决策并主导它，即使你认为这个决策有可能是错误的或疯狂的。我们在这本书中所讨论的一切都是基于一种情况：如果想通过获取成功来维持权力，中

215

层领导者必须做到承担起责任而不质疑决策。

箴言一：领导力并不是源自"想法正确"

当一个公司调整未来的方向时，中层领导必须相信这种转型是最好的选择。当然，没有确凿的证据来证明公司的决策一定是对的。他们只是根据对未来的愿景和现有的依据做出决策。人们通常认为位居上层的人比中层和底层的人拥有更长远的视野、更多的依据来做出这些决策。

那么为什么还要质疑？因为你认为自己才是对的？这只是自尊心作祟，这样只会导致中层领导在充满变局的时代失去权力，因为拥有权力和坚持正确之间没有任何关联。

当现实与你的方向背道而驰时该怎么办？把车开进湖里。没错，开到湖里去。如果这就是你被告知的决定，坚定地执行。放手去做，同时询问老板以帮助自己理解这个决策："老板，你要怎样在湖上开车？能不能告诉我，该怎么把这辆车变成詹姆斯·邦德的座驾？我不是怀疑这个决策；我想核对一下以确定我们方向一致，不是因为我觉得我们会被淹没。"当你这样做的时候会发生什么呢？有时候你的老板会说："哎呀，这里有个湖啊！停车！我们做计划时没发现这个湖。"

有时候你的上级会说："等等，你该在那里左转。多谢你的核对。要不然我们就要付出代价了。"大多数时候，事情会是怎样的呢？你的老板会说："是的，继续前进。干得好。"他这么说不是因为他使坏或粗心，而是因为他坚信上级赋予他的方向，同时需要你以这个方向来主导你自己和你的团队。

你们中有多少人会把车开进湖里？大部分的中层领导不会这么做。中层领导的一大弱点就是他们总希望自己是正确的——或者更确切地说就是不犯错。实际上，他们宁愿正确地去失败，也不愿错误地去成功。他们尽可能地不插手，避免后果，而不是按高层的意图去贯彻执行，同时他们利用这种心态来让自己和手下合理化地逃脱责任。

我们为了正确而牺牲了这么多，这是为什么呢？正确不是权力。正确与做正确的事之间是有区别的。你必须不断地服务上级。不要因为你不赞同上层的决策方向而去责怪上级。谨记：没有"我们和他们"，只有"我们"，我们需要找出一条驶出湖泊的途径。克服恐惧和怀疑，放手去做。此外，在充满变局的时刻，那里甚至可能根本没有湖，你只是觉得你看到了一个湖。假如你真的被淹没了会发生什么，你的团队会在你沉往湖底、经受失败的时候眼睁睁地看着你？坦然接受。你竭尽全力而失败，大多数领导者会告诉你，经历了这一切你才会取得更大的成功。

我宁愿选择做正确的事情而去领受失败，服务上级，而不愿选择因无法维持权力，无法执行决策而导致被开除——同时我要挑战我的手下，让他们做出与我一样的选择，获取更多的成功。

箴言二：巩固领导力要靠创造新利益

正当我与一位客户合作制定明年的管理预期和目标时，这位客户开始犹豫不决了。

"南森，我们要谨慎一些。我们今年的目标就定得很高。实际上，今年的目标比去年提高了25%。如果继续制定很高的目标，我们的一些领导会抗议的。"

"哇！比今年提高了25%？"

"不，是今年比去年的目标高了25%。我们明年的目标是今年目标的90%。"

我笑了起来。我知道如果这不是自己的目标任务时，笑是一件很容易的事，但是你不能把已经完成的数据称为目标啊！一个目标是你要求努力实现的东西，并不等同于以前你已经完成或接近完成的东西。当然了，规则总有例外，但总体而言，这位客户的"目标"是对失败的接受。

"你为什么以今年 90% 的业绩标准制定明年的目标呢？"

"因为这个目标会影响到员工的奖金。"

我曾经也像我的客户一样。我会尽量协商制定尽可能低的目标，以使团队受益。然后我就会告诉我的团队我们要达成这些目标，并取得丰厚的奖金。这样做确实有用。直到这个做法不管用的一天。尽管奖金依然丰厚，但是你无法在每一年制定可实现的目标并提升预期，最终会失去作为领导的权力。你会变得自满，停止训导，不再提出更多要求。这一切都曾经发生在我自己身上，直到有一天我转变理念开始服务上级并训导下级，在目标和预期方面，我要求我的团队做出三个承诺：

1. 我将每年提高目标。

2. 要换取等量的薪酬则必须加倍努力，加倍产出。

3. 动脑筋工作，你会比往年挣到更多的钱，取得更多的成功。

20 年后的现在，我把这段经历告诉了客户，他明白了我的意思。他采纳了我的建议，让他的团队也做出承诺，并将他的目标整体提升了 25%。不用说，这个团队正在全力以赴地达成这些目标指数，帮助他们的老板维持权力。因为维持权力不仅仅是执行上级的决策方向，维持权力更是用目标挑战我的团队，激发更多的力量，而不是降低预期以匹配较低的业绩以及接受较差的表现。

当领导降低目标时，获取丰厚奖金的短期获利会带来金钱味的士气，这隐藏了更大的问题：作为领导者，我们现在传递了一个这样的信息，一旦我们觉得目标难以实现时，我们剥夺了员工努力达成更高目标的权力。我认为要成为最好的中层领导，我们就必须相信我们的团队能够达成任何合乎逻辑的目标，因为这意味着我们都有能力去完成我们所相信的事情。

我知道这可能会在短期内影响到一些人的收入和生计，但这会驱动我们做更多的事情。在我们无法达成目标的时候就该如此。

如果我们的孩子在测试中拿不到 A，我们不会要求老师在下次测试时改变难度。我们只会告诉孩子更加努力地学习，做到更好，或者做出调整。我们会告诉他们之所以无法达标是因为他们做得还不够，或者他们需要修正或调整他们的做法。

关键是：不要降低目标；承担失败的责任。最优秀的中层领导会这么做。

他们明白权力只会赋予那些付出努力、充满企图并全力以赴去赢得胜利的人。最后，他们总能证明自己是正确的。

服务上级／训导下级的理念：权力来自于对目标的追求，而不是自认为正确的事情

我们因拥有的权力而领导下属。权力的局限和大小并不重要，竞争的艰难和市场的归属也不重要。在维持权力方面，真正重要的是最终我们会获得怎样的结果，而不是我们一路怎样走来。我们的成功才是我们脚下的旅途。

"服务上级，训导下级"的能力欠缺会助长错误的理念：去他的老板和公司；我才不会把车开进湖里！我才不会赞成这个主意。这不是我的决定。我要停下来，做点事保住工作就行了，我才不会为这个去冒险。我宁愿降低我的预期，然后顺利地超越目标，也不要给自己施加压力去做更多尝试。我宁愿做得轻松一点。

"服务上级，训导下级"的超强能力会产生正确的理念：我的权力来自于我的信念，而我的信念又会促进团队的信念。公司希望我们达成目标，假如这意味着要把车开进湖里，那就

这么做吧！我们决不能降低目标来迁就我们的业绩，我们必须倍加努力让我们的业绩与目标相符。真正的成功不是在于结果，真正的成功是我们一路而来的奋斗。

第二十六章　开放：地盘意识就是"画地为牢"

"他要来参加我们的季度会议！"我指导的一个客户显然非常担心这位神秘的不速之客。

"他是谁？"我问。

"我的上级！"

我本不应该感到惊讶，但每当有中层领导跟我说这样的话，并且总是这样时，我还是会感到惊讶。这个客户是我最好的学生之一，季度会议只是他和团队的工作的延伸，但这些并不重要。他已成为一个强有力的中层领导，并拥有了权力。几个月来，他一直坚持每周开展"一对一"会谈，并设定了明确的预期，让他的团队去挑战更大的成果。他的员工也参加了重要的客户会议和宣传活动。也就是说，他已学会了如何服务上级，并且每周会向上级提交一份关于团队所有活动和成果的仪表板式报告。然而，他仍然对上级要来参加会议感到惊慌失措。

"你为什么会担心这事？"

"因为我的上级会质疑我员工所做的一切，让他们感到沮丧和警戒。他将取代我主持会议，打乱我们的议程，使会议效率低下。"

刚好我和这个客户的上级十分熟悉，他说的情况很可能真的会发生。不过，问题是，这个客户即便没有这样的上级，他可能仍会这么说。很多的中层领导已经竭尽所能地通过服务上级和训导下级来要求、接受和维持自己的权力，但他们仍然讨厌上级来参加他们的会议。尽管他们已经变得更加坦率，但他们还是希望将会议室和办公室的门关上，因为他们认为打开门或空出会议桌旁的座位会威胁到他们的权力。

当然这种想法是错误的，这也是贯彻服务上级和训导下级理念的最后一个障碍，你们需要明白：中间领导必须欢迎所有的人参加会议。能与他人分享时间和空间表明不是我们拥有权力，而是我们完全有能力掌控它。

接受质疑：永远欢迎上级指出潜在问题

作为中层领导，我们必须欢迎我们的上级、上级的上级，或者任何他们认为重要的人随时加入我们的团队会议。让他们看到你做的工作是如何出色。你究竟要隐藏什么呢？不要让害怕和疑虑妨碍你在服务上级的工作中所取得的成绩。

即使你受到挑战或质疑，也不会削弱你的权力，除非你自己愿意并把权力交还给你的上级。此外，你也是你上级教练团队中的一员。每支运动队都有一批助理教练来配合主教练。主教练不必偷偷摸摸地监视助理教练，助理教练也不会避开主教练。"体育教练和企业老板都不应该在自己的地盘上成为客人"，这意味着任何领导都不应该觉得自己必须得到允许才能参加某个团队的会议。

同样地，不仅仅是软弱的管理者将这视为一种威胁。当上级来拜访时，许多中层领导，甚至是那些做到了服务上级的人，都会有一点"全世界都在针对我"的心态。他们开始考虑团队需要保护（其实团队并不需要），并认为这是对他们领导能力的全民投票（其实并不是）。因此我这儿有一个新的方法可以让你消除这种心态，并让你的恐惧和疑虑能够安顿下来：去找你的上司谈谈！

·确保你的上级知道你对他参与讨论感到高兴，因为团队不仅仅是你的，也是你上级的。

·分享你的期望和想法，并请求你的上级也分享他的想法。

·让你的上级知道你的目标是什么，以及你对他的出现会让团队产生误解的担忧或员工会感到害怕。

这就是那天我告诉我的那个客户的：我们是一个团队，仅有一个议程。不要反对任何人。你知道后面发生什么吗？会议将会很顺利，甚至取得巨大的成功。那个客户听从了我的建议，为他上级来参加会议制定了一份明确的计划。他的上级真的很务实，尽管在会上他从不偏离议程，但还是向我的客户和他的团队提出了质疑。他们毫不戒备地进行了回应。事实上，他们很高兴接受质疑，因为他们为自己所取得的成就感到自豪，他们所展现的成绩和士气无不显示出这一点。

敞开大门：靠能力而非边界来巩固权力

你没有受到威胁和孤立。你无需占山为王，因为你完全能够掌控自己以及你的行为。你对你的团队能够成功执行任务负有责任。永远不要抱怨或怀疑你的上级。永远不要接受下级的借口，你只要求他们做出成果。然而，因为感觉受到了威胁，很多中层领导做不到上面说的这样，因此会和上级产生矛盾甚至被收回权力。这也是为什么这么多中层领导不欢迎别人干涉自己的原因。

敞开大门并不会削弱你作为中层领导的权力；相反会增强你和其他人的权力。相信我，我的话是有根据的。有一次，作为地区主管，我、我的经理们和我的上级共用一个办公室。没错，三级领导共处一室。如果员工们想找经理并且谈论到我，他们就得当着我的面。

我一点儿也不在乎。作为一个有力稳当的中层领导，我从不害怕任何人去找我的上级。你也不应该。

这是我对你的建议：保持开放！不要让你的不安全感妨碍你拥有的权力。不要只欢迎权力，要敢于让别人走进来。自信地面对可能出现的一切。别担心你没有解决所有问题的办法，没有人能这样，也没有人期望你这样做。

作为中层领导，我们必须享受其中的过程，并庆幸我们拥有的权力和给予他人的权力！这来自鼓励每个人都打开他们的门（或是招呼其他人到自己的小隔间）并认真对待客人。成功来自于创造一个空间，让大家能够充分表达自己，而不用担心被揭短或被评判，这样你和他们才能获得深刻的理解。只有当我们共同踏上位居中层的这段旅程时，我们的成功和权力才会得到提升！

中层领导工作的任何一个方面和采取的每一类行动都关系到权力的维护或放弃。服务上级和训导下级的心态会引导中层领导要求、拥有和维护权力的一系列行为。这种权力不仅仅是一个头衔，也不仅仅是做一名上级。

中层领导的真正权力是让我们的下属取得连他们自己都不敢相信的成果，并向上级表明我们将超出他们的预期取得成功。我们会尽力的。只要我们有信念，就没有不能实现的目标！

没有"他们"可以指责。我们绝不能把自己或团队与领导分离。我们有责任承担或有时也发布指令，但不管怎样，我们都要接受它。不存在借口。为了你的问题而将手指指向别人，你不仅仅是车轮上的一个齿轮。如果你让自己变得软弱，是因为你选择了放弃你的权力。

总　结

我玩滑雪板已经超过了 15 年。然而，每年我和妻子在滑雪前都会再上一节私人教练课。不管我们在哪里，和谁在一起，我们都会这样做。有一年，一个朋友和我们一起旅行，他一门心思地想上山，并对我们上课的事情颇有意见。"我以为你们知道怎么滑雪！"他笑着说，略带嘲讽，开始大谈他不需要也没有足够的时间去上"烦人的课程"，他只有三天的时间来滑雪。我们并没有被他的话所影响。

"真有你的，"我说，"但我们每年上课并不是因为我们不记得怎么滑雪了，而是因为不管我们现在的滑雪技术有多好，我们每年都在努力滑得更好。我们冬天只能去滑几次，但是给我们上课的孩子每天都在这里，整个冬天都在滑雪。他的技术比我们好太多了，所以我们可以指望像他这样的老师能使我们的技术每年都得到提高。另外，我们觉得，花一点时间学习和进步比我们从山顶冲下去多少次更重要。"

如果你想说："故事不错，南森，但是上滑雪课与中层领导有什么关系呢？"答案是：很多。今天许多中层领导都像我的那个朋友一样，他们觉得自己已经够好了，并不需要变得更优秀，所以他们并不关注学习或成长。即使想要学习和提高，也觉得时间并不允许。

当然，即使有时间，他们也会怀疑自己能否得偿所愿，因为在他们眼里那些提供帮助的人比他们自己还要"稍差一等"。

长话短说，不要像我的朋友那样。你要腾出时间来提升自己，至少愿意去聆听别人的意见，这些意见可以来自于我们自己、我们的家人、我们的下属，来自那些愿意付出让我们完善自我的人，任何比我们更有经验的人都可以。

我以前就如同我的那个朋友一般，没时间提升自己。然后我的一位导师问我平时是否读书。我诚实地告诉他并没有，但我确实读过与我所在行业相关的文章，所以我了解这个行业的发展情况。他说："如果你想在你的职业生涯中一直成长，你就必须要学习如何变得更好，而不是只是了解。"这是我收到过的最好的建议之一。这些年来，这个建议也越来越多地被他人提及。很多成功人士告诉我们要阅读，无限制地阅读，不论是关于商业与自我完善，爱情与婚姻，还是财富与繁荣，只要是能拓宽你的思想和思维模式的，新兴的，差异化的，引人深思和值得学习的内容，都应该成为我们阅读的内容。

更重要的是，下列成功人士也在用实际行动支持以上的说法。

根据玛丽萨·莱文（Inc. 杂志，2017 年 8 月 13 日）《最成功的领导者的阅读习惯，也可以改变你的生活》一文所述：

- 沃伦·巴菲特每日读书 50 页
- 马克·库班每日读书 3 小时
- 比尔·盖茨每年读书 50 本

大多数我认识的管理者们平均每周读一本书。美国人的年均阅读量不足一本。而且，根据美国艺术基金会的一项调查，43%的美国成年人从不阅读任何与工作及学业无关的内容。我不愿意成为那样的人。如今，我读过的书不计其数，作者类型也是形形色色（尽管有些作者的意见我并不认同）。我坚信书籍的力量，我自己也完成了 5 本书的写作。好吧，说实话，我仍然不喜欢阅读，但我每天都会听有声读物。因为我相信书籍的力量能帮助我实现个人成长，并成为最好的自己。这就是驱动我，激发我积极性的原因。

谈及个人发展，我们首先要有一个谦虚的态度，认识到我们可以做得更好；其次我们要有自律性，愿意从现在开始着手安排去做。接下来是我对你们提出的最后一个挑战：从现在开始完善自己，那么明年我们将收获一个全新的自己，一个更好的自己。
了解更多，阅读更多，为你的自身发展付诸努力，从而使你能以
同样的方式指导他人，并尽你所能服务于他人。

做最好的自己

一天早上，我开车送我十年级的女儿去上学，我决定给她讲
一些至理名言，告诉她如何做得更好的方法。我记不太清我是怎
么说的，也不记得她回应了什么，但我确信这番话很深刻，很重
要，而且完美契合早上七点这个时间。你是否曾经有过那样的感
受？你感觉到有人在看着你，但同时她的目光又越过了你，完全
没有听到你说的任何话？现在把上面的效应乘以 10。当我说话
时，我女儿的脸上是一种十足的"我不在乎"的表情，当我说完后，
她还翻了几下眼睛。我想证明我的价值和学识，便告诉她，许多
商业领袖和组织为了听我的专业建议和见解需要支付数千美元。

"爸爸，"她回答，"我也愿意付费给你，只要你不给我建议
或见解就行。"然后她得意洋洋地戴上了耳机。

如果上述还不是很明显的话，那么我想说的是，我的孩子不
太听我的话，当然我希望你们的情况会好些。智慧来源于年龄和

经验。虽然我的女儿完美诠释了什么是"浑浑噩噩"，但是我仍然努力让她看到她母亲和我为使家庭幸福所做的一切，尤其是如何用爱和尊重去对待他人。我希望她能看到我每天都做的事情，从让我听起床就充满动力的音乐到背诵好的商业著作（《思考并致富》），去施予和服务他人，还有将她母亲放在首位，所有的这些事情使我每天都有所进步。

我对她（和我自己）的要求就是我对中层领导的要求：不断成长。有句老话说，所有的生命不是成长就是消亡。在商业上也是如此。认知自我是远远不够的。我们必须知道如何成为更好的领导者，更好的人！商业社会中最伟大的领导者是那些在工作之外仍在学习与进步的人。他们不满足于仅仅是好，他们希望变得更好，并向今天所做的事情发起挑战，决心明天做得更好。这就意味着我们留出时间，真正地、全心全意地付出努力，去倾听、训导、被训导以及阅读！不要做"普通的"美国人：

· 对自己而言：如果一本纸质书让你感到惧怕，那么就从"阅读"些能引起你思考的文字开始，比如电子书、有声书、TED 演讲、播客、纪录片……每天至少 30 分钟，然后再延长到一个小时。

· 对你的团队而言：要求他们花时间与你一同进步。你可以要求他们把计划内容放在他们的日程表上，这样你就可以看到（即使这意味着你要在上班前检查一下他们的日程）。如果你的团队不知道从哪里开始，那么你可以推荐那些你读过的，喜欢的，或是觉得有挑战性的内容给他们。

· 对他人而言：利用单独会谈的机会聊一聊他们在读什么或听什么，向他们取取经，也了解一下他们的同龄人都在学习什么。

我知道这需要做很多事情，平衡很多关系，这也是为什么我们说在今日的商业里中层领导是一份极其艰难的工作。到这也是各行各业的所有领导避免自满这一重大危机的唯一方式。

自满与满足

自满是一种危险的心态，它能使我们所有人都沦为牺牲品。和我们生活中的大多数事情一样，这种心态不是生活或商业的一个阶段。相反，它是一种消极的结果，因为领导者失去了进步的意愿，决定停止成长。正如我们在第六部分中所学到的：每个人都很重要，但没有任何人是必要的，当我们长期从事一种工作或服务于同一家企业后，我们会发现我们的日常工作无聊且不再具有挑战性，自满情绪通常会在此时产生。自满情绪是服务上级，指导下级的死敌，因为任何自满的人都不会为服务与指导的重要任务腾出时间，更不用说努力了。如果一个领导者说，"我的人已经很好了，他们知道自己如何工作，所以我没有什么可以指导他们的。"那么这个领导者已经被自满感染了，而且自满是具有传染性的。他们的员工很快也会变得自满，从而导致士气低落以及不必要的人员流动，当然，结果也很糟糕。

反之，那些愿意腾出时间服务上级，指导下级的中层领导者，很少会产生自满情绪，我们没有时间自满！我们总是在学习和接受挑战，如何让我们的员工变得更好，如何让我们的老板满意。

如果我们阅读书籍，参加研讨会去讨论如何更好地完成工作，搭建长椅，倾听学习，弥合知识鸿沟，并最终学以致用，那么我们就是每天都在让我们自己和我们的员工变得更好。这种对成长的渴望就像自满情绪一样具有传染性，它会引领一种充满活力的文化，人们希望为我们工作，当然，结果通常也超出预期。

自满有时与满足相混淆，但它们截然相反。知足是基于自我感激。我对自己的生活充满感激，我感到满足，但从不自满。事实上，我离开职场，成为一名作家、顾问和演说家，当回顾这个过程时，我真的非常震惊，我是多么幸运才能取得这些成就。这种成功来自于许多盲目的信念，乐观的态度，大量的活动，还有更多错误带来的反思。

我敢打赌,你们大多数人读这本书的时候也会对自己的职业生涯产生同感。回顾一下你刚开始工作时候的样子,你学到了什么,你是如何成长的以及现在你的状态。你对自己生活中发生的变化感到惊讶吗?你对自己眼前的成功心怀感激吗?这就是一种满足!如果在满足之外,你还认为自己已经不再需要学习和成长了,那么你就有自满的心态了。心满意足意味着我仍然会在每天早上起床时,知道自己要做更多的事。我心里知道,在未来十年后,我所取得的成就,将使今天的成绩相形见绌。我对自己和我今天所做的一切仍然心存感激与喜悦,但我永远不会失去为自己和他人争取更多的雄心。

中层领导者必须始终如此:保持满足,但不要自满,让你的下属与你行为一致。记住:上梁不正下梁歪。

还在等什么?付诸行动吧!

不知道从哪里开始着手进行个人成长和发展的改变?那就从你的居所和你的外表开始。你的形象和你家的样子反映了你对自己的感觉。你有意愿去改变吗?正如空乘人员所说,请您先戴上氧气面罩,然后再去帮助他人。

例如，我不喜欢锻炼或健康饮食，但我知道这对我的妻子很重要，如果我想为我的家庭保持健康，并且在儿女有孩子的时候陪伴在身边，锻炼和健康饮食就变得尤其重要。事实上，当我写这本书的时候，我马上就要做祖父了！所有我和儿女做的事情，我都想和我的孙儿辈的孩子们再经历一回。我想看到我的女儿们成长为了不起的女性，就像我的儿子变成一个了不起的男人那样。

自我关爱有许多形式：冥想、锻炼、美食、睡眠，适度修整以及参与社区活动。当我们在疯狂的咖啡因驱动状态下全速运转时，我们会削弱自己，也无法发挥最佳的状态。想想你认识的任何一位出色的领导者——我是说顶尖的领导者。他们的企业繁荣，商业关系稳固也让人愉快，工作态度虽然是被驱动的，但也平和。他们是身体健康、有健康意识的人吗？

是的。如果你没有恰如其分地照顾好你的身心，那你绝不会做到最好。这就是为什么我每天早上至少花30分钟来调整、阅读、写作和祈祷，每天至少花60分钟来锻炼身体的原因。我之所以如此也有部分原因是为了让我妻子不会望向其他异性，我自己也不会在穿泳裤时感到尴尬，顺便可以让其他爸爸感到一些自惭形秽。但无论我的动机是什么，自我关爱都让我感觉更好。

接下来的重点：不要止步于只是考虑这些关于个人成长和自

我照顾的事情，或者只是写出一纸计划——立刻行动起来！放下书，付诸行动。头绪繁杂，无从下手？给你的爱人、挚友或孩子打个电话咨询一下，问问你的领导，他们认为你在哪些方面需要改进？或者他们自身在哪些方面改善了？当你得到的意见与自身产生共鸣时，你就找到了起点！然后回归到自己身上，创建一个个人发展和自我关爱的日程表。如果你已经有了一个，那么问问自己如何完善它。

　　大多数情况下，持续学习、个人发展和自我关爱并不需要额外的时间，它只需要你把现在的时间重新整合一下。把你的驾驶时间、准备时间或等待时间利用起来变成学习和关爱自我的时间。你可以比平时早 25 分钟起床，用这段时间进行 10 分钟的伸展，10 分钟阅读，5 分钟制定计划。就是如此简单，但每天的这 25 分钟加起来每年将超过 100 个小时，这个时间是专门用于你的个人发展和自我关爱的，而这还只是从星期一到星期五。如果每一天，你都想方设法让自己更自律、更有动力、更有目标，那么你做的不仅仅是照顾自己，而且还在证明你正变得更优秀，为了所有你爱的人以及那些依赖你的人。

致　谢

感谢上帝让我从事我所热爱的事业，将我的激情与恩赐的天赋融为一体。感谢我的妻子香农，她是我的合作者、挚友以及生活上无微不至的照顾者。没有她，我就不会像今天这样幸运。感谢我的三个女儿尼拉、佩琪和萨凡娜，是你们让我和香农每天生活在幸福中。还有我的儿子安东尼，今年也将成为一名父亲，你将第一次懂得作为父亲的爱。

还要感谢我的大家庭：我的母亲、父亲和兄弟们，是你们使我获得家庭和关爱。我还要感谢吉米埃伯，感谢他所做的一切，他为这本书做出了杰出的贡献。他为我的作品和故事注入了灵气，使其变得栩栩如生，实在令人赞叹。

感谢梅根·克罗斯对本书的赏识，并帮助我们与凯瑞尔出版社取得联系。当我开始本书的写作时，我并不十分清楚我写下的文字与故事最终会成为什么样子，但是我坚信我的写作意图和写作目标。我的意图是写出一本能够为领导者们带来真实帮助的书籍，一本能够历尽岁月依然有用处、有读者的书。我的目标是写出一本能够为各种机构带来真正变革和增益的书，这种变革不仅仅是自上而下，或是自下而上，而是始于中层的服务上级和训导下级。

最后，我要感谢那些我有幸与之共同工作的伟大的领导者们，这些年我从他们身上学到了很多。正如我多次在演讲中说的，我是世界上最幸运的人。我清楚地知道我也许配不上我所拥有的一切，我永远感恩。